ささやき　1978年

山の出べそ

伊予の霊峰　1938年

山男（タバコ）　1953年

岩の魅力　1952年

山男(四)　1956年

山にさけぶ(二)　1956年

アルプス遠望　1957年

初冬の声　1963年

浅間山　1968年

鳥とともに　1969年

山の家族　1973年

火の山の親子　1980年

山のみち　1980年

ささ山の村　1947～48年頃

ヤマケイ文庫

山の出べそ

Azechi Umetaro

畦地梅太郎

山の出べそ　目次

山に考える

わたしは、山へはいるまで、まったく、おっくうな気持なんだが、いざ山へはいってしまうと、やっぱりきてよかったなと、いつでも思うのだが、このごろのように、山が一つの流行になってしまって、街でも、会社の机の周囲でも、どこそこの山へ行ったと、話し合うことが、お互の自慢のようになってみると、わたしはつとめて、山へ行くことをさける気持になってしまう。

乗物でも、山小屋でも、山を歩いていてさえも、知ったかぶって、そして、変に気取った人達が多い。それでなければ、おれは山を歩いて、自分を、より人間的なものに高めたんだと、いわんばかりに、おさまりかえっている人にも逢う。いやなものだ。

わたしが山へあまり行かなくなったからといって、山がきらいになったというわけではない。たまに見るテレビで、山の姿など見ると、ことに、それが、山登りであったり、スキー場であったりすると、こきざみに、身体がふるえるほどのものを感じる。わたしは老体であるが、山への情熱は、まだまだ持ちこたえていると、一人こっそり思っている。

わたしは、山は、三千メートルの雪線上もいいし低山もいいしどこでもいいのだが、たった一人で歩く原始林のなかなど、ことにすきである。

もちろん、別の山にも、いくらでもあることだろうが、秩父の原始林を一人で歩くのは、ことにいいと思っている。

おきょう平をすぎて、白岩小屋近くの、巨木の繁る森林のなかなど、一人こつこつと歩くと、景色のよさそうな、山の全ぼうは、まったく眺めることができないし、自分の周囲と自分の足下しか見ることができぬ。どうしても、物を思うということに、片よってくるようだ。何にかの拍子で、枯枝がばさりと落ちる。ただそれだけのことにも胸がどきんとする。

まったく、寂そのものといいたいふんいきのなかだ。なにかの物の気配を感じ、後をふりむくのも無気味で、いやなことがある。これは、一概に、わたしの肝ったまが小さいということだけではなさそうである。次々に、あやしい幻想が、あたまにうかぶ。

わたしのつくる最近の版画作品に、「ささやき」とか「やまの足音」などというのがあるが、こうした山歩きのなかから、生まれたようであると思っている。「ささやき」や「山の足音」は、山の幻想から形態を作り出しているのだが、そのうち、こうしたものを物の形なしに表現してみたいものと思っている。

わたしは、これまでも常々考えていたことだが、山へ絵をかきに登るということではなく、そうしたふんいきのなかを歩いているうちに画因が生まれてくるという方のやりかたを、これまでもやってきたし、これからも、そうやりたいと思っている。

秩父の山も、森林ばかりの山とはかぎらない。森林のない稜線を歩く場合もあるが、しかし、広大な森林帯の地勢の山だから、すぐ近くに、森林があるし、全山大森林におおわれた和名倉山が、いつでも目の前にあって、わたしの気持をよろこばしてくれる。

こんなえらそうなことを書いても、秩父の山をそんなに知っているというのではない。ほとんどのところを知らないといった方が、たしかなことかもしれん。

秩父の森林といえば、なんといっても十文字峠あたりだそうである。峠の平地が、ものすごい森林だ。森林といっても、自然の生存競争とでもいおうか、ほとんどの雑木は姿を消してしまっている。日のめを見せぬ地表の下草は、シダの類が多く、まったくすがすがしいものがある。

秩父の山は、ものすごい森林のなかを歩くのに、少々飲み水に不自由するのじゃなかろうか。十文字峠越をしても、見下す深い森林の渓谷から、とうとうと水の流れる音をききながら、水にかつえて歩くなどなさけなくなるというものだ。これだけが欠点かもしれん。

こんなに登山が盛んになったこん日でも、秩父の山を歩く人は、大体に地味な人が多いようだ。山の人気は、北アルプスや、谷川岳が、いまもなお独占している形だ。

登山というものには、岩もあれば、雪もある。氷もある。もちろん森林もある。

どれをやっても登山なんだ。そこに技術の差はあっても、山男の山に向かう精神の差があってはなるまいと思う。

山男というものは、論理一点張りで山に向かうことだけでなく、いますこし、山に住む、動物的な、原始の感情と、感覚で、山に向かうということも考えてみたいものだ。

燕岳　1967年

燕岳

一

燕《つばくろ》へ行かんかと、Bさんにさそわれた。きいてみると、Aさんも行くそうだ。知名の人たちと、行くことは、少々きゅうくつな思いをしないかと、気にかかっていた。しかし、出発の朝、新宿駅で落ちあって見たら、Bさんは、もう、赤い顔をして、手に一本のビールびんをぶらさげて、ホームに立っていた。Aさんが窓から顔を出して、座席の位置をおしえてくれた。新宿駅へ集まったのは、三人のうちで、わたしが一ばんしんがりであった。

汽車が走り出すと、Bさんの持っていたビールが次々に三人の口元にまわった。Bさんは、下地がすでにできていたので、ますます赤くなった。飲めないというAさんも飲んだ。顔がBさんの顔より赤くなった。甲府駅で、Bさんは、ビールをまた買い入れた。

八ガ岳のすそも、諏訪湖のへりも、わたしは、朝酒に酔うて、汽車にゆられて、うつらうつらした。これからさき、きゅうくつどころか、さばけすぎて大変なことになるのではないかと思った。

松本駅まで、燕山荘《えんざんそう》のSさんが、出迎えてくれているというのに、Bさんは、Sさんをさがしだすことができなかった。わたしだけは、朝酒のききめが、まだつづいていて、足元がふらついた。Aさんも、Bさんも、Sさんの姿が見えないのを気にしてか、すっかり酔がさめて、よそゆきの顔になっていた。

Bさんが案内して、駅からすこしはなれたところにあるBさんの知人の家へ行った。そこは、表の方は山の道具の店で、その奥にハイカラで簡素な食堂があった。Bさんは、またビールである。Aさんにも、わたしにもビールがまわってきた。

その店から、有明のSさんの家へ電話したら、Sさんは、松本駅へ出迎えていたが、三人の姿が見えないので、そのまま、有明の家へ帰ったという。Bさんが、わたしたちに、そう話してくれた。そして、有明駅まで迎えに行くということだ。

有明へ行く電車の沿線に、わたしの昔からの友人が住んでいる。東京に住んでいたのだが、戦争で郷里へ引っこんで、こつこつと絵を描いている。国画会の会員だから、毎年春の国画会に出品もするし、本人も上京する。信州でPといえば、一方の旗頭で、信州の画壇を牛耳っている人だ。この人は大酒飲のようだ。古い友人だけれど、二人で飲んだことはないけれど、東京で逢うときは、いつも酒くさい息をしている。酒の上での逸話は、東京にも残っているし、松本あたりでは、有名だそうだ。

わたしはPさんの住居がどのへんだろうかと、気にしながら電車の窓からしょっちゅう外をのぞいた。

松本の町が遠くなって、たんぼのなかを電車が走るようになると、ワサビの畑がいっぱいあった。行儀よく区切られて、ワサビが育っていて、その間を清水が流れていた。すがすがしかった。そして、山国の気配がひしひしとせまってきた。

有明駅の待合室に、何人かの人がこちらを見て、たたずんでいた。そのなかに背広で、ネクタイをつけていない人がとくに目立った。わたしは、その人がSさんだろうと思った。改札口から待合室へはいったBさんが、その人の前に立ってにこにこして、いんぎんなあいさつをした。やっぱりその人がSさんだった。

有明に二台あるという自動車の一台に、わたしたち三人と、Sさんが乗った。民

家の間の道路を、山に向かって自動車は走った。

信州は、どこへ行ってみても、家の作りは大きい。有明の部落の家も大きかった。家の周囲には、どの家も栗の木の大木が繁っていた。家の周囲に大木が繁っているのは、なんとなく、家に風格があって、暮らし向きがよさそうに思えた。

Sさんの有明の家は、ここをはいったところだと、本通りから横に通じた道路の奥を指して、Bさんがおしえてくれた。Sさんの家にはたちよらないで、有明温泉のSさんの別宅まで自動車を走らす、とSさんは助手席からふり向いて、わたしたちにいった。

民家がすくなくなって、道路の両側は、小松や雑木の生えた荒地であった。北軽井沢あたりの土地柄とよくにていると、わたしには思えた。道は少しずつ登り道になって、松の林がつづいた。わたしは、このあたりへ住居を作って、暮らせるものなら暮らしたいと、ちらと思った。

歩くのであったら、たんねんに覚えていられるものだが、いっ気に自動車ですっとばしたものだから、山にはいって、中房川《なかぶさ》に沿うて自動車が走った道順が、わたしにはどうも、はっきりのみこめない。地図と記憶がごっちゃになってしまっている。もちろんわたしの陸測の地図は、戦前もずっと前に買ったものだ。その古い地図を見ても走った道の道順は、想像もつかない。道路の下に水力発電所もあった。その近くに、住宅が建ち並んでいた。その近くであったと思うが、クルミの木の林があった。道がぐっとカーブして登ると、いま通った社宅の上へ出るようなところがあった。

谷がせばまって、中房川が、ずっと下の方を流れていた。山の気配も深山らしくなってきた。道が急にカーブしたら、いままで見えなかった前方に、石を積んで登って行くトラックが、中房川の方の立木の中へ後輪を突こんで、今にも中房川目がけて、車体がすべり落ちそうになっているのに出くわした。下ってきたトラックとすれちがいの事故のようであった。下ってきたトラックが、綱をつけて引きもどそうと、手伝っていた。わたしたちは自動車からおりて、道のあくのを待ちながら一服した。

Sさんの別宅は有明温泉と道をはさんで建っていた。別宅の前には、大きな岩がごろごろしていた。中房川が岩にぶつかって流れていた。

有明温泉には、浴客《よっきゃく》が大ぜいいるようであった。土間にぬぎとばしたはきものがたくさんあった。Sさんの案内で、わたしたちは、温泉につかった。身を沈めて、湯の中をそっとまぜると、ぬらりとした乳白色のかたまりがふわりと浮かんだ。手にふれるとふわりと散った。底に沈んでかたまった湯あかだろうとわたしは思った。

Sさんの家の若者の料理した夕食が、階下の中房川の流れの見える食堂の、テーブルに並べられた。そのテーブルにつくころは、もうすでに部屋には電灯がついていた。外はすでにまっくらになっていた。

二

有明温泉にあるSさんの別宅で、出発の支度を、ごそごそとしていると、いさましくハイヤーが駆け登る爆音がきこえた。

夜行で新宿をたった連中が、有明駅から、ハイヤーでやってきたのだろうと、Bさんがもそもそとした口調でいった。Bさんは、それとも、後から行くといったうちの連中の女の子かなともいった。

Sさんの計らいで、Aさんの荷物も、Bさんの荷物も、わたしの荷物も、ずっと分量がへって軽くなった。ことに、Bさんの荷物は、三種類の重いカメラがあるので、かるくなった身体を身ぶるいして、Bさんはよろこんでいた。

わたしたち三人は、身がるい身体で出発した。まだできてまもないというふうな橋を渡った。川岸の登り道は山の傾斜地を、まがりくねって、川ぶちへ出たり、ひっこんだりして登っていた。

平地の道路なら、とてもバスなどの走る道ではない。でこぼこに岩石が頭を出した道だった。山なればこそ、バスも走るのだなと思った。

中房温泉まで、バスやハイヤーが通うようになって、ほとんど廃道に近い旧道へ途中からはいって近道した。

雑草で道がふさがっている。まばらな林、わたしたち三人は、あっちへ向き、こっちへ向きして小枝のはねるのをよけて、旧道を登った。

腰かけや、立札のある斜面の広場へ出た。バスの終点でそこにそまつな家が二、三軒建っていた。その上の方に、売店があった。売店の横が、燕岳への登り口であった。

最近の台風で、あたり一帯がいたんだらしい。洪水止を作るのだろうか、河原でたくさんの人が働いていた。

中房川の上流で山くずれがあって、流れをせきとめ、大きな湖ができているそうだ。そのために、まだ中房川の水は濁ったままであった。

台風がくれば、湖がくずれて、濁流がどっと流れ出し、下流はまた被害を受けるんじゃないかと山の人たちは心配をしていた。

ことに、川ぶちに建つ中房温泉の一部は、あぶないぞなどといっていた。

売店の前の、燕岳への登山道の方から流れ出している小さい水の少ない川にかかる仮りの板橋を渡った向こうの平地の林の中に、いくつもの建物が木かげに見えた。中房温泉は湯煙りを上げていた。

古い登山記や、現在の登山記など、いろいろな人の物を読んで、中房温泉の様子を想像していたものだったが、台風の被害で様相が変わったものか、わたしの想像していたものとはだいぶ中房温泉の景観はちがっていた。

登山者が、よくキャンプするという砂地も、砂地に湧くという温泉も見当らなかった。といっても、いちいちさがしてまわってみたのでなく、広場にたって、そっと、うかがった程度だから、見落したのかもしれん。

やっぱりうちの女の子らが、もう登っていると、売店にそなえ付けられた登山者名簿をのぞきこんで、Bさんはよろこんだ。そして、なんとなくはしゃいだ気持のようだった。そして、どうも一人だけ男の名前が書いてあるが女の子の連れか、男一人の登山者か気になるようすだった。

わたしより、はるかに年が若いのだから、Bさんが気にするのも無理ないわいと、わたしは思った。Aさんは例のにやりと口元をうごかしただけで、何んともいわなかった。

地図の上でも想像はしていたが、燕岳への登り道は、なかなかきついものだった。見晴しでもきくというのならまだ助かるが、うっそうとした原始林なんだ。この登りは、老体にはたまらんと思った。

原始林の中の細道を登っていたら、少しばかり切り開いたところへ出た。左手に大きな岩壁があって、何んという花か、たれさがったかっこうで、白い花が一面に咲いていた。しかし、わたしは花と見たのだが、あとになってからどうも、その花の白さは、葉芽《ようが》の白さじゃったかもしれんがと思った。

Bさんは、わたしが岩を見上げていたら、なんだなんだと、さっそくに、レンズを向けてかちゃりとやった。

原始林を切りひらいたところへは、落葉松《からまつ》の小苗が植えてあった。道はそのなかをまがって登るようになっていた。

まがりまがって登る上の方で、人声がした。うちの女の子らかなとBさんがいった。Aさんも、Bさんも、わたしも斜面の上の方をぐっと見上げた。

道が再び原始林のなかへはいろうとするあたりで、女の人らしい姿がちらついた。それが、人声のぬしらしかった。見上げていたBさんが、声をかけた。すぐに反響があった。その声で、Bさんは、うちの女の子らだったと、にこにこした。

登る道は急な斜面で、原始林の中を大体にまっすぐ登っていた。汗かきのわたしは、もう背中がぐっしょりになった。

少しばかり平地があって、一服する場所になっていた。用をたす設備も、林の奥の方にできていた。

一服するという。わたしはやれやれと思って、背中のリュックを取りはずすのももどかしく、そのまま腰をおろした。

腰をおろしながら、まだ、これくらいの登り坂で、わたしはのびていないぞという態度をそれとなく振るまった。

Bさんが気にしていた男の人は、女の人々の連れであった。その男の人の山姿は、チロルハットに、ショートパンツ、むき出した部分には脛毛《すねげ》がたくましく生えていた。見ごとな山靴で、靴下の色合が印象的であった。

山の中で見る女の人は、どうも美人が多くて、三人の女の人が、だれがだれやら、いちいちBさんが名前をいって紹介してくれたが、わたしには見わけがつかないありさまだった。

わたしは、自分では少しも意識していなかったのだけれど、女の人たちをしげしげと見入っていたものらしい。なんとか、かんとかいって、Bさんにからかわれた。年がいもなく、わたしは顔がほてり気味だった。

大木の木肌に紙をあてて、拓刷りみたいなことをしていたAさんは、手を休めてふりかえって、にやりとしただけで、また拓刷りをしていた。器用な思いつきもできる人だなと、わたしは感心をした。

三

深くて暗い原生林のなかでも、天気がわるくなったなとわかった。清水のわき出ている休み場を、わたしたちは早々にたって急な登り道を一列になって登った。原生林のなかを、右へ左へと小きざみに、道はまがって通った。

雪のころに、スキーで降ってきて、ここのところで、ひとっ飛び飛んだら、この深みに飛びこんだ。降り道をまちがえた。こまったと思ったとたんに、大木にぶつかって、滑るのが止まって、自分は傷一つせずに助かったと、Sさんが人ごとのような口ぶりで、その大木の根元を指さして話した。

飛びこんだ谷を、そのまま降ったとしたら、密林のなかで動きがとれなくなり、北中川谷へ迷いこむのがおちなんだそうだ。わたしたちは、そうか、そうかとSさんの話しにききいっているようだったが、どうも、うわの空できいている風体でもあった。わたしたちは、急な登り道をあえぎながら登っているものだから、ちょっとの時間でも足元を動かさずにいられることをいちばん待ち望んでいたようでもあった。

いくぶん道が横通りになって、ふりかえると見晴らしがすばらしくいい場所へ出た。そこでひと休みした。

一方から徐々に高まって、高い低いのない稜線が長くつづく山がよく見えた。有明山だそうだ。これまでは平地から、とんがった有明山を眺めていたものだから、眺める位置がかわると、山のかっこうも、こうもかわるものかと、だれもが一心に眺め入った。

わたしたちが腰をおろしている目の前は、立木もまばらで、立ち枯れの大木が何本もあった。何んという鳥か、鳴き声がきこえるが鳥の姿は見えなかった。立ち枯れの小枝に飛んでくるのを、Aさんが待っていたが、ついに鳥は姿は見せなかった。その方にくわしいAさんには、鳥の姿は見えなくても鳥の鳴き声一つきいて、それが小鳥のなんであるかはそくざにわかっているようだが、わたしには大きい鳥やら、小さい鳥やらまるっきりわからなかった。

下の方の休み場でもAさんは大木の木肌にスケッチブックの紙を押しつけて、エンピツで拓刷りみたいなことをしては木の幹のスケッチをしていた。専門画家とはまた別種な感覚と味わいの表現が、この人の絵にはいつもあるがと思っていたが、

Aさんには、こうした機智のある一種の隠し芸があったのだなと、わたしは一大発見をした気持になった。

Aさんは、またその手をやろうと、立ち枯れの大木の根元へ行こうとしたが、かん木が密生していて行けず、Aさんの隠し芸をものにしようと、Bさんはカメラを構えて待っていたのにものにならず、二人は顔見合わせて苦笑した。

途中から一緒になった男一人、女の人三人、その女の人はみんな健康美そのもので、山の中ではことに美人に見えて、わたしには目うつりがしていけなかった。なんとなくうわづいた気持にもなった。これは年がいもないこと、わたしだけだったようだ。どうも、わたしは女の人にはあま手なんかもしれんと思った。

わたしたちが休み場へ腰をおろしたとたんに、女の人の一人が、そそくさと人目のつかぬ下の方へくだったが、わたしは何ごとかと思っていたら、その女の人はいとも晴れ晴れとした顔をしてもどってきた。

男なら人に背を向けさえすればだいたい用のたりることも、女の人にしてみればそうも行かないなと、血のめぐりのわるそうなわたしは、女の人の顔を見てそうかなとやっと気がついた。なんとなく気はずかしくなってよそ見をしたら、わたしの坐っている地面の、コケのなかに、たぶんマイヅルソウだろう、赤くて丸い実をつけたのが、あっちこっちにはえていた。

深林をぬけて、明るいところへ出た。合戦《かっせん》小屋が目の前に建っていた。上の方から張り出した稜線の一角の、ちょっとした平地を利用したという小屋の位置だ。あたりには、モミだかツガだか、わたしには見分けがつかんが灌木のなかにぽつんぽつんと古木が目立った。立ち枯れの巨木もあった。シラカバか、ダケカンバかの太い木が見られた。小屋の位置から上の方には、深林はなさそうであった。深林限界かもしれんと思った。

巨木をそのまま利用したような荒っぽい骨組の合戦小屋は、見るからにがん丈そうな建てかただった。小屋は、お休みどころで、山男たちを泊めはしないそうだ。土間も座敷もきちんとこぎれいに片づいていて、清潔な感じだった。

きれいに踏みかためられた土間の、荒けずりにできた食台をはさんで、わたしたちは昼飯を食った。

登る途中、男と女の人の二人連れを、わたしたちは追いぬいて登った。その二人連れも小屋に着いた。女の人は元気だが、男の方はふうふういってだいぶ参っていると思われた。男はめずらしくピッケルを杖がわりについていた。何人かの男と女の登山者が、小屋の前を素通りして行った。誰もピッケルを持っていなかった。

登山者のなかの、一人の若者の尻あての毛皮が目立った。よく見ると、その尻あてには、まっ黒い二本の角が、にょきにょきと飛び出ていた。尻あてに角ではあんまりとっぴすぎて、見ている方が不愉快になる尻あてだ。きくと、それは若いカモシカの頭なんだそうな。山の用具もあまり凝りすぎたらいやみがさすというものだ。七、八人の荷運びの人々が、ずっしりと重そうな金属製の器具を、一人一人がかついで降ってきた。その人たちは、小屋の前に荷を下ろすと、小屋の中へはいって小屋の番人と親しく話しこんだ。夏のあいだ燕山荘へ設置されていた無線電話の機械だそうだ。

小屋の前に下ろされた重そうな機械を見て、Aさんが、重さをためそうとかつぎにかかった。Aさんには、ちょっとそうした茶目気もあるらしい。Aさんのそうした茶目気ぶりを見たBさんは、とっさに、カメラをかまえた。女の人もみんなカメラを持っていたとみえて、小屋のなかからAさん目がけて飛び出していった。

どうなることかと見ていたら、Aさんはカメラの放列の前で照れた気配だった。だれかが、もうひと息とAさんをけしかけた。どこにそんな力があるかと思われるAさんは、ひとふん張りした。いくぶん腰をふらつかしたようだがしゃんと立った。そしてにやりと笑顔を見せた。

四

昼飯を食うて、ひと休みした合戦小屋の近くに、ナナカマドが密生していた。ナナカマドは、少し紅葉しかけていた。もう少しさきになると、このあたりの紅葉は、すばらしいものだとBさんが話した。

小屋の前に物置小屋があった。Bさんは、その物置小屋の屋根へ上った。なにごとかと見ていたら、記念撮影するから、みんな並んでと、屋根の上から、もそもそとみんなに呼びかけた。

下の方の深林のなかの休み場で天気がわるくなる気配だったが、とうとうぱらぱらと雨が落ちてきた。大降りにならんうちにと、Bさんは、屋根の上で、記念撮影に気をもんでいた。

撮影がすむとBさんは、屋根の上からナナカマドの密生している方へ向かって、ぴょんと飛び下りた。あの太った身体で、身軽い身のこなしかたにわたしは驚いた。

小屋へ登りついたばかりの、若い夫婦者らしい登山者は、汗をふきふき、リュックのなかから、小型ラジオを取り出した。天気予報でもきくつもりらしい。三人の女の人たちは、いい合わしたように、若い夫婦者らしい二人連れをぬすみ見ていた。どうも、三人の女たちには、夫婦者らしい登山者が、よほど気がかりのようだった。


合戦小屋から上の登り道は、深林がなくなって、尾根の上は明るい道だった。登り道がゆるくなる地点に、三角点の標石があった。登る人が誰でも標石のまわりを歩くとみえて、土がよくふまれて、むき出しの感じで生々しかった。

ニワトリのとさかの形をした岩が道をふさぐようにして、つき出ていた。岩にリュックをのせて休むのにいい場所で、皆んながそうして休んだ。Aさんが尖がった岩の上へ身軽く飛びのって、片手をかざしてあたりの山を眺めまわしていた。大天《おてん》井《しょう》岳の方から張り出した山の黒木の山肌の中ほどに、残雪が三角形になって白く光っているのが、とても強くせまるように眺められた。

うす気味のわるい霧の幕が、さぁっと流れてきて、三角形の残雪のある山肌を見えなくした。天気がくずれるかもしれんと、わたしは、気持が落ちつかなかった。

充分に肥満して丸々とした体格のBさんは、どうも登り道が苦手らしいが、平地の道を歩いたり、休んだりすると、人が変わったと思われるほどいそいそしゅうなって、身軽に身をこなしていた。岩の上に立つAさんを写そうとして、岩の下側へ行ったり、のけぞったりしてカメラのピントを合わせるのに夢中になっていた。

若い女の人たちも、それぞれの身のおきどころを心得ていて、のんびりした顔つきで、岩にもたれて休んでいた。赤い登山帽の下からお下げにした髪を長くたらした人がいた。片手にスケッチブックを持ってはいるが、鉛筆は手に持っていなかった。若い女の人のうちただ一人の女学生だろうかと思った。

登る道のかたわらに、ひどくひねくれた古木が一本だけ特に目立った。かっこうがおもしろいので、昔お殿様が、ほめ言葉を与え、おほめの松と名づけたとか。なんの木かと思ったら、落葉松であった。灌木帯のなかに、ただ一本だけ古木が残っているというのもおかしなことだが、かっこうがおもしろいというので、伐採のつど、切り残されて育ったものかと思った。

燕岳の燕山荘が見えてきた。灰色がかった空気のなかに、建物だけがきみょうにはっきり見えた。

道は、稜線の右下をゆるく登った。広くてよくふまれた気持のいい道だった。谷の斜面には、冬の深い雪の重みで、形のひしゃげた木が、谷底の方へかたむいて白い木肌を見せていた。ダケカンバだそうである。谷あい一帯に厳冬のきびしい山の姿が残っていた。なんという花か、道ばたのあちこちに咲いていた。シャクナゲ科の小カン木にも白い実、赤い実がいっぱいついていた。道ばたのそれらを眺めながら、ぞろりぞろりと、みんなは登った。

燕山荘の建物を頭の上に見上げるあたりになると、そこら一帯が、少しきたなくよごれているようであった。雨にたたかれた新聞紙は、ことに目障りになった。空かんもやたらにころんでいた。谷底目がけてけっとばしたら、空かんは音をたてて飛んだが、わたしの身体は、調子がくるって、ひょいとよろめいた。Bさんが、後からあぶないと声をかけてくれた。

きたない物が目立つと思っていたら、その近くに物捨て場があった。斜面にいっぱい紙くずと、空かんが引っかかっていた。

燕山荘の建物は、頂上の一角を切りくずしたまことにせまい土地に建っていた。建物の周囲は花崗岩《かこうがん》の砕かれた砂利だから、明るくて清潔だった。皆んなは、燕山荘の玄関にリュックをおいたまま一服もしないで外に出てしまった。あたりの景観に気をとられて、建物のなかにじっとしていられないというありさまだった。

自分の家の庭の延長とでもいいたいほど、燕岳の様子にくわしいBさんは、重いカメラを三種類もかかえて、燕山荘を飛び出して行った。もうじっとしていられないらしい。自分だけが飛び出して行くのかというと、そうではない。Aさんも女の人たちも、女の人たちの連れのスマートな山姿の男の人も、そしてくたびれて半分のびかかっているわたしをも、尻を引っぱたかんばかりの追い立てようで、なにはともあれ、燕岳の頂上へ登らんことにはと、皆んなの者の先頭に立っていそいそと歩いた。

風化してさまざまな形をした花崗岩のかたまりはめずらしかった。電柱のように空へ延びた形のもの、人の形を思わす奇妙なもの、さまざまであった。まるで人工のものかと思うものもあった。しかし、ながい自然の歴史は見られるが、あまりにうまく出来すぎた形には自然な形の姿は感じられないとも思った。

電柱のような岩にAさんを登らして、Bさんは、カメラを向けた。寄り添うような形の二つの岩のまんなかのすきまに、女の人を一人ポーズさして、Bさんは立ったり、しゃがんだり、ついに四つんばいになったりして、カメラをのぞいてよろこんでいた。写すのか楽しんでいるのかわからないありさまだった。

さきほどから天気がおかしかったが、ついに、夕立になった。皆んな一散《いっさん》に燕山荘目がけて走った。写真機が重いのでBさんは、よたよたしておくれた。いなびかりがしたと思うと、引っくりかえるほどの雷が鳴った。

五

いなびかりと、雷鳴、たたきつけるような大雨、わたしたちは、びしょぬれになって、燕山荘へかけこんだ。

燕山荘の玄関の土間で、ぬれた衣類をはずしながら、人の話声が耳についた。引きさくようなものすごい雷のときは、ぴりぴりと、頭の毛がさか立ったそうである。

それなのに、わたしは、少しも感じなかったのである。どうも、わたしは、電気には強いというものか、それとも、だいぶ鈍いのかなと思った。

みんなは、命拾いをしたものだと笑い興じているが、なんとなく、調子の合わぬ自分だなと、そのときは笑いのなかへはいりにくくて、一人ぽつんとしていた。

一口に山小屋といってしまうけれど、燕山荘は、凡《すべ》ての設備からいって、里の街にある旅館などより、はるかに立派なものだった。

中房温泉の方から登った人ひとたちは、わたしたちが、一番しんがりのようであった。夕方になると、槍ガ岳や、大天井岳方面からの登山者が幾組もやってきて、思ったよりは登山者が多くて、小屋はなんとなくざわついた。

山小屋へ泊まって特別なあつかいを受けて晴れ晴れとした顔をしている登山者をはたからみると、あまりいい気持のするものではない。これまでも度々そういう場面に出くわして、おもしろくない目をしてきたわたしだが、燕山荘ではどうも他の人におもしろくない気持をおこさせる立場になった。

Bさんは、山なれもしておるし、ことに燕山荘の主人とはながいおつき合いのことで、気楽そうだが、わたしにしてみれば、はじめてのことで、どうも気がね勝ちで気持がかたくなってしかたなかった。Aさんはどうだろうと、そっと顔色をうかがうと、恐縮のていと見たが、そこはそれ、Aさんの身についた高い教養の品のよさの物腰であった。

わたしたちの部屋は、二階の奥の方の一室だった。自家発電だから、電灯は幾分暗かったが、わたしは二七〇〇メートルほどの山上の山小屋で、電灯の下で夕飯を食うとは思いもよらないことだった。

夕飯のすんだところへ、女の人三人と、意気な山姿の男の人が、部屋へはいってきた。燕山荘の主人も交えて、おそくまで世間話をした。

登る途中、女学生ではなかろうかと思った女の人も、外の二人の女の人と同じ年齢のようで、三人の女の人、いずれがあやめかきつばたとまではいわんでも、わたしの目には、若々しく見えて、だれがだれやら見当がつきかねた。Bさんは、きわどい冗談をとばして、皆を笑わせた。Aさんは、品よく照れて苦笑していた。

わたしのそのときの計画では、燕山荘へ一泊し、次の日は、大天井岳から槍ガ岳へ、槍ガ岳で一泊、上高地へ下ろうと思っていた。夕立の後まだ雨が降っているようだった。少しぐらいの雨だったら予定通りにしようと思っていた。そんなら、燕山荘の主人も行くという。ちょうど山小屋の増築で、登っている大工さんの一人が、槍ガ岳へ登ったことがないので、その大工さんも連れて行くという。

こんどは、わたしが後ろ姿で女学生だろうとまちがえた女の人も、友だちと別れて、わたしたちについて行く、よろしくたのみますということになって、わたしは、少しめんくらった気味になった。

次の朝、朝のうちはどしゃ降りの雨だった。朝飯がすんだら、雨の中を出るつもりだった。大雨だから燕山荘の主人も、女の人も、大工さんも尻ごみして、とても、出かけまいと思っていたら、どしゃ降りの雨でも、わたしが出かけるなら行くという。わたし一人なら雨でも行くが、わたしのために、どしゃぶりの中を皆んなを歩かしては気の毒なことだと気がついた。そこで、きっぱりと中止することにした。

Bさんが、わたしの山姿を見て、冬支度だとひやかしたが、わたしははじめから目的があって、冬支度していたわけだった。

槍への縦走が、また、いつできるかと思うと、中止したことがおしい気もして、さびしかった。燕山荘へもうひと晩泊まることにして、その日一日をのんびりすることもよかろうと自分で自分をなぐさめた。

どしゃ降りの雨も、朝のうちだけで、そのあとは小降りになったり、止んだり、そして日の目を見たりした。

燕山荘が使う飲料水の元を見ようと出かけた。つき出した山のはなで、そこへ行くまで見えなかったが女学生と見まちがえた女の人が、ぽつんと道に立って、雨雲の切れ目からのぞく槍ガ岳の方面をにらんで鉛筆を動かしていた。その女の人が写生するのをはじめて見た。絵かきさんかと思った。わたしが女の人に声をかけようかと思ったとたんに、わたしのうしろから声がかかった。Bさんがわたしの冬支度の山姿をねらっていた。

見下すと、湯俣川《ゆまた》あたりが見えがくれした。その川筋を追うと向こうに鷲羽《わしば》岳、三俣蓮華《みつまたれんげ》岳だろうかと想像のつく山が重なっていた。

おもい雨雲が、どうしても槍ガ岳の全部を見せてくれなかった。でも、眺めても、きびしさを感じさす千丈沢や天上沢だろうかが、白っぽく眺められた。ごつい北鎌尾根が雲の切れ目から眺められた。遠くから眺めても身ぶるいする凄絶さだった。

ハイマツの上を、ビニール製の水道管が谷底へ延びていた。風化し奇妙な形になった岩があっちこっちにあった。岩の根元の砂地には、トウヤクリンドウだろうか、枯れかけて花がきたなくなったのがたくさんあった。

水道管に沿うて、湯俣川の方へ下った。かん木のなかを小道が、右へ左へまがりくねって下っていた。谷へ向かってかたむいたダケカンバの木は、冬中の深い雪が想像できた。

灌木が繁っているところに、ベニバナイチゴだろうか、たくさんあった。見ると、かなり大粒なのが葉にかくれてついていた。ひとつひとつていねいにつみとっては食った。甘味も少ないが酸味もなかった。

縦走路から三百メートル以上も谷へ下っていると思うのに、飲料水の元へは下りつかず、ビニール製の水道管は、下って行く小道をよぎって、灌木の繁っている稜線の向こう側へ通じているようであった。

土のやわらかい小道の上に、人の足あとではないふみあとのあるのに気づいた。あたりには、ベニバナイチゴらしい食いものもあちこちにあるらしいし、もしかしたら、熊などもおるのじゃなかろうかと、ふと思いつくと、とたんに背筋がじいんとした。

足あとをよく見ると、大きな足あとではないが、けだものの足あとにはちがいない。わたしは、なんとなく気ぜわしい気持で、そこからもときた小道を、息をきらして駆け登るようにして引きかえした。

縦走路へ登りつくと、また雨がふってきた。大天井岳方面から、雨具に身をかためた三人の若い登山者が、足早にやってきた。その若い登山者たちは、予定としては燕山荘へ昨夜つくはずだったのが、昨夜の大雨で途中の小屋へ泊まったのだそうである。まだ幾人も、あとからやってくるはずだといっていた。

あたりには、Bさんのねらう、実に奇妙なかっこうの岩がある。奇妙なかっこうの岩の群の根元から、その近くには、ハイマツが地面をおおっていた。そのハイマツのなかから鳥が飛びたった。

岩の上に、ハイマツの実を食った残りがあっちこっちにあった。リスだろうか、兎だろうか、鳥だろうか、また、丸味のあるお菓子のようなかっこうの糞が、ころころと重なりあってころんでおった。

青いハイマツの実を、鼻さきへあてると、鼻の穴をつきぬけるような、強いやにの新鮮な香りがした。雨はまだ降りつづいていた。

前日、Bさんがかけずりまわって、奇妙なかっこうの岩の群を、あっちから、こっちからねらっていた燕岳頂上のあたりへ、もう一度、一人で出かけた。岩の群の近くにも、岩の上にも、人影があった。雨の中を歩きまわっていたのは、わたし一人ではなかったのだ。近づいてみると、それは、Aさんを岩のてっぺんに立たして、またまたBさんが、立ったりしゃがんだりしているところだった。三人の女の人もいるようだった。

ややこしく岩が入りまざっていて、こちらから眺めると、ぽつんと一つ穴になって向うの空がのぞかれる岩があった。その穴から女の顔がのぞいていて、にやにやとほほえんで、AさんやBさんのありさまを、眺めているようだった。

どこの観光地でも、山の姿や岩の形にこじつけの名が付けられているものだが、燕岳の岩の群にも、こじつけの名はさまざまにつけられるものばかりだった。しかし、それは、どうも公然と名づけにくいかっこうのものが、多いようだった。

逢って話してお付合いをすると、Bさんは、率直謹厳そのもののようなお人柄とうけとれるが、そのBさんが、燕岳の奇妙なかっこうの岩の群を、まるで、とりつかれたもののように追いかけまわすのは、これは、あるいはBさんの裏芸か、隠し芸かなどとわたしは思った。

以前はコマクサがたくさんあったそうだ。このごろは、登山者が集まって、見晴らしのきく頂上の近くには、一株もなくなったそうである。そのなくなったあたりの岩かげを、たんねんに見てまわったら、雑草のかげになったところで、小さなコマクサの苗を三株見つけた。花が咲くまでには、まだ何年もかかるのじゃないかと思われる小さい苗であった。

そこは、登山者たちの通るところから少しはなれた場所だから、見つかる気づかいはないし、また、見つけられるには、あまりに小さいコマクサと思われたが、わたしは、それでも他の登山者がはいりこんできて、ふみつぶしはせぬかと思った。コマクサの苗の周囲を、石でかこんでやった。次にくる折りには、花もつけられるほど、大きくなっていてくれるようにとも思ったものだ。

燕山荘に二晩泊まった。いよいよ山を下る朝も雨がふりつづいていた。山を下る支度をしてみんなが燕山荘の玄関で、勢ぞろいをしてみると、女の人たちの連れの意気な姿の男の人が見当らない。女の人たちにきくと、一晩だけ泊まって、きのうの朝一人で下ったのだそうである。

燕山荘の玄関先きで雨支度姿で皆んなを並ばして、Bさんがカメラを向けた。晴天なら背景に、燕岳の頂上の岩の群が、うつるのだろうに、雨で霞んで見渡せなかった。カメラを向けていたBさんが、自分も写真のなかへはいらんことにはと、見送りに出ていた燕山荘の主人Sさんにカメラをひょいと手渡して、あの身体をわたしたちの並んでいる列に押し込んだ。

それまで、わたしは隣の娘さんのさす雨がさの中にはいっていて、ちょうど、あいあいがさのかっこうになっていて、少々照れ気味でもあり、若やいだ気持でもあったのが、Bさんの横張りの身体で、娘さんのかさの内から押し出されるかっこうになって、しょうことなく、雨にぬれて立った。なんとなくBさんの大きな身体がうらめしかった。

わたしたち一行は、あっというまに合戦小屋に下りついた。ちょっと休んだだけで、また下った。中房温泉へ下りつくまで、一人の登山者にも逢わなかった。雨はまだ降りつづいていた。

谷底のせまい位置の中房温泉のあたりは、なんとなく人里近い空気で、人里の晴れやかさを感じた。ほとんど水の流れていない川の仮橋を渡ると、そこの木立のなかに中房温泉の建物の棟があっちこっちに建っていた。

わたしたちが仮橋を渡ろうとしたとき、大ぜいの男の人、女の人がどやどやと仮橋をこちらへ向かって渡ってきた。

だいたい老人が多いようだった。なかには、一升びんをぶらさげて、ちどり足の老人もいて、なにか、わけのわからぬことをわめいていた。これもいい気持になっている若者に、腕をとられて、あぶない足どりで、仮橋をこちらへ渡ってきたと思うと、わたしたちの一行のきれいな娘さんめがけて、ちどり足でよろめきかけて、むき出しのいやったらしい言葉を大声でかけた。そうしたいやったらしい言葉というものは、文句はわからなくても、態度でそれとわかるものだ。

川原の石がごろごろしていて足場のわるいのを、娘さんはひょいと身をかわして、空とぼけた顔をしてわたしたちがいま下ってきた方角の山を、つんとして見上げていた。

老人のいった言葉は、わたしにもわからなかった。いやらしい言葉にはちがいなかった。老人の一行の誰もが、ことにおばあさんなどは、大声をたてて老人をはやしたてた。

老人に見えても、あんがい若いのかもしれんと思った。いっぱい気げんで、都会の娘さんの顔を見て、むら気がおこったのかもしれん。老人の一行は、農閑期を利用して、村里の人たちが隣り近所さそいあって、湯治《とうじ》にきて、村里へ下ろうとバスの乗場へ行くところのようだった。

わたしたち一行は、時間もあるというので、温泉にはいってひと休みしようやと旧館の方へはいった。旧館というのは、とてつもなくでっかい建物で、かなり古い建物とみえた。

雨支度をはずすのがうっとうしかった。ことに山靴のぬれたのを足からはずすのに苦労した。村里にある県道の道幅ぐらいはあろうかと思われる廊下を、まがりまがって二階へ案内された。

二階の部屋からは前の日からの雨で濁って激流となった中房川が眺められた。中房川の向こうは切り立った山の斜面で、雑木が繁っていて、木の葉はまだ青かったけれど、しとしとと降る雨の気配は、初冬の寒さであった。

幅広い廊下をどうまがったのかもわからないほどのところに、浴室があった。かなり古い造作とみえて、浴室の板などは、たわしずれがひどく、木目が洗い出されていたが、なんとなく、ぬらぬらして足元がすべり気味だった。浴室の窓下に激流の中房川が物すごい音をたてて流れていた。

Bさんは、ひと風呂あびたあとはビールだとにこにこしていた。いっぱいのビールで、わたしは、元気をとりもどすどころか、疲れが出てきて、人前もはばからず、長長とのびてしまった。そうなると、雨支度を再びして、雨の中を出て行くのがいやになった。皆んなが、一緒にかえろうと手をひっぱらんばかりにするのを強引に振り切って、一人中房温泉へ泊まることにした。皆んなはわたしを一人残して、いそいそと下山への出発のバスの停留所へ出て行った。雨足の強いなかを出て行った皆んなの姿が木かげに見えなくなるまで、わたしは、取り残されたような、わびしい気持で見送った。

皆んなが出発したあと、ことにひどい雨になった。豪雨だなと思った。わたしの泊まった部屋のガラス戸は、何枚も破れていて素通しになっていたので、雨が降りこんだ。女中さんがのべてくれた寝床のふとんの上にも雨が降りかかってぬれた。わたしは、寝床の場所をかえて、ふとんのなかにもぐりこんだ。一人になったことが、なんとなくわびしくてたまらなかった。外は物すごい雨と風になった。

女中さんが、電話ですといってきた。この豪雨の夜に、わたしに電話とは、何ごとだろうと胸をおどおどさして、玄関の帳場へ降りてみると、通話は新館の方だという。玄関にあった番傘をさして、足さぐりで暗闇のなかを新館へ行って、受話器をとった。受話器を握る手がふるえた。

Bさんからの電話であった。皆んなの乗ったハイヤーが目の前で山くずれにあい下れなくなって、有明温泉まで引きかえしたのだそうである。

ハイヤーの運転手や娘さんらや、Aさんらは、今夜は有明温泉泊まりだというBさんの電話の声は、そうした災害に出くわしたにしては、若やいで明るい声のように、わたしには思えてならなかった。

49 岳人（女） 1954年

美ガ原

山小屋への道

前日あたりの豪雨で、人家をはなれてからの登り道は、だいぶいたんでいた。よくもまあ通れるものだと、肝をひやすような、わるい道だった。

山の斜面を、右へ左へと、カーブを切って、バスは上へ上へと登った。道ばたの草や木も、いつもなら砂ぼこりをかぶって、白っぽくなっているだろうが、洗い落とされて、きれいになっていた。

急な登りがすんで、草原の丸味のある地勢のあたりに出た。たぶん、もうあたりの草原は、美ガ原の一角だろうかなどと思われるあたりであった。

バスの道が、草原のなかを通る立派な別な道に通じていた。その立派な道を通るようになってから、バスの窓からふり返って見ると、立派な道はいくつもの草原の丘を越えて、向こうの方へはるかに通じていた。わたしたちのバスが、立派な道へ出る前に、すでに通りすぎていたものだろうか、一台のバスが、ゆるいカーブで、その立派な道を下って行くのが眺められた。

左の丘を削りとり、右の丘を削りとり、道は、ゆるく登るように作られていた。削りとった一カ所に、テッペイ石みたいな石の層が、はみ出てくずれていた。なんという花か、くずれた石の層に、紫色の花がからみついているのを、ちらりと見た。

そこからバスの終点はすぐだった。車の通れる道は、山の出っぱなをまがって、ずっと向こうまで通じているようであった。後で知ったのだが、その道は、二〇四三メートルの頂上の無線塔への専用路であるそうだ。

天幕《てんまく》張りや、板がこいの簡単な、バスの終点事務所のわきが、美ガ原高原への登り口だった。バスに一ぱい乗っていた人々が、てんでんばらばらに登って行った。ほとんどの人が軽装で、婦人客などは、ハンドバック一つというありさまのようであった。どた靴にリュック姿というのは、わたしたち三人ぐらいでリュック姿では、もう気のひける山かもしれんと思った。

松本からの登る道々で、一本の電話線が、木の枝や、竹ざおを利用して、ずっと山上まで通じていた。その電話線を、バスの窓から眺めて、わたしは、戦時中の軍が、街路樹を利用して、電話線を引っぱりまわしていた姿を思い出したりした。

車の走る道幅がせまいので、バスや自動車が登ったり下りたりするのを、電話で話し合って、すれ違う場所を要所要所の停留所と連絡しているのだそうだ。必要のなさそうな、途中の停留所に、制服をきた人が、一人ぽつんと立っていたりしたが、その制服をきた人が、自動車やバスの通過したことを、連絡したりする人らしかった。

終点からの登り道は、いためつけられたようにきたなくなったカン木の間を登った。大きな石の重なりの道で、大きな石は、人のふまない部分だけ苔が深々とついていたりした。大ぜいの登山者は、すでに先を登っているのか、はるか下の方を登っているのか、わたしたちの目のとどくところには人影はなかった。右手の向こうのカン木の中に粗末な小屋らしいものの屋根が見えた。山小屋だろうかと話し合った。しかし人の気配はなさそうであった。小屋らしいもののはるか向こうに、いくつもの草山の重なりあっているのが眺められた。

無線塔のある頂上はすぐそこだなどと、バスの終点で、きいて登ったのだが、すぐそこだという近い道のようではなかった。これは、道の距離は短いのかもしれないが、わたしたちの、足の疲れが、道の距離を長くしたのかもしれない。

わたしたちは、燕岳の方を歩いての帰り道で、燕岳の上り下りで、かなりくたびれていたのである。しかし、くたびれたといっても、あるいは、それはわたし一人だったのかもしれない。外の二人は、年も若いし、ぴちぴちしたような二人だったから。その若い二人に、年寄りのわたしは、何んだかんだと、あおられたり、おだてられたり、だましだまし引っぱり上げられたようなものだった。

しかし、石の重なりのわるい登り道だったけれど、カン木の中にある大きな岩などのおもしろい形が、わたしには気晴らしになった。なにか、荒れ果てた庭園の中のような趣もあった。

わたしたちが、無線塔のある頂上に登りついたころは、太陽の日差しが、足元から上へと明るさをつけておるような、山上の時刻になっていた。無線塔の施設の建物が、ごつごつした感じで建っていた。その近くには登山者の泊まる山小屋もあった。大ぜい登った人々は、すでに、山小屋にはいったものか、そこらあたりには見当らなかった。

建物のそばをはなれて、わたしたちが、山本小屋の方向へ足を向けたときだった。

それまで、どこにいたのか、どの建物から出てきたのか、ひょっこりと、登山者らしい三人の娘さんが現われた。

山本小屋へ行って泊まりたいが疲れてしまって歩けないと娘さんの一人がいった。わたしたち一行のBさんが、顔をくずして、笑顔になった肥満した身体をゆすって、わたしたちの方を振りかえりながら、もうひとふん張りだから行こうやという意味のことをいった。わたしたちの一行のAさんは苦笑した顔つきをしていた。

Aさんにしても、Bさんにしても、年は若いし、身だしなみがよろしい。燕岳あたりでのびたひげも、いつのまにか、ちゃんと、きれいにそってある。リュック姿もさっそうとしたもの、それに引きかえ、わたしは、もうすっかりじじむさい姿になっていた。平生でも、身だしなみのいい方ではなく、無精者《ぶしょうもの》で通っている。そのじじむさい年寄りが一人仲間に加わっていたら、あるいは、若い娘さんらは、顔をそむけて、たじたじとなるにちがいない。娘さんにしてみれば、足が疲れてといって、わたしたちの連れになるのをそれとなく、敬遠したのかしれんと思った。

無線塔のある台地状になったところから、山本小屋へ行く方向に、指導標みたいなものが、電信柱のようにずらりと並んで立っているのがよく見えた。Bさんが、あれについて行けばいいのだといった。美ガ原の中央を、つっきって歩くようになるらしい。高原の向こうの方にも、丸味のある山が次々に重なっていた。みんな草山のようだった。

指導標にそうと、歩く道は広い草原へとだらだらと少し下った。豪雨で道は荒れていて、小石がごつごつしていた。二本か三本の鉄管が道ばたに、ところどころ洗い出されていた。鉄管は、谷間の水を、無線塔にある施設の建物へ送る水道管らしいと思った。

日暮れまぢかになって、あたりに霧が、ふんわりとわいてきて、行く手の見通しがきかなくなってしまった。途中道が二筋にも三筋にもわかれているようなところにくると、Bさんは、立ちどまって、首をかしげて、霧の向こうにある指導標をさがしている様子であった。わき道へそれずに、まっすぐに進めばいいのだそうだが、実際に霧の中を歩いてみると、それが、まっすぐに歩いているものやら、足元の地勢だけしかわからんので、案内役的なBさんも、少し不安気な様子をしていた。

美ガ原は、もっと雑草が生い繁っていて、自分らの歩く姿も、雑草にかくれて外からは見られないような草原かと思っていたのであるが、歩いて見ると、どうも、草原は登山者にふみ荒らされて、のびることができないような、干からびた雑草が、もうすでに秋の季節に枯れかかっているという、きたならしい草のようにも、霧の中で見られた。

牛や馬の足あとで、きたなくなった場所へ出た。いろんな形の岩が、並んでいて、ここもまた荒れた石庭の場所のようであった。平たい石の上に少し塩の白さが感じられた。昼間は牛馬が、ここへ集まってきて、塩をなめるところらしい。変わった形の岩を見つけるとBさんが勇みたった。でも、霧と夕暮では、写真を取ることもできない。明日がたのしみだと、よろこんだ。

山本小屋へ行くには、岩のある場所から直角に左へ向かった。Bさんが、もうひと息ですと、なにかえんりょ勝ちに、Aさんをふりかえっていった。

左の方の地平線に、美ノ塔が影のようにうすく眺められた。それでいて、鏡のつるしてある部分の穴から向こうが、広々と感じられる眺めであった。

もうひと息ですよといわれたけれど、山本小屋は、なかなか遠い感じで、まだかまだかという気持で、わたしは、AさんとBさんの足におくれまいと、一生けんめいになって、ついて歩いた。

道が少し下り気味になって、右の方に林が黒々と目立ち、ところどころ、林をつきぬけて立木が、空に向かって立っていた。Bさんが、いよいよ山本小屋へきた、もうすぐそこだといった。道がまばらな立木の中へと下って行くあたりに、清水が道を横切って、ちょろちょろと流れていた。だいぶわたしの足の疲れはひどかった。ちょろちょろ流れの清水を、飛び越すのに、肢がいたんだ。

山本小屋は、どちらかというと、日本風な建物であった。分厚い玄関の式台に腰を下して、靴紐をほどくのに腰も足もいたくて骨折った。二階のきれいな畳の部屋へはいると、小屋の主人だろうか、実のところ、山小屋のおやじに似合わぬ丁重さで、部屋へはいってきて、AさんとBさんの前にきちんと坐った。

美ガ原の山小屋

山本小屋の主人が、再びわたしたちの部屋へ入ってきた。腰がひくうて、もみ手するような格好して、夕日が大変美しい、裏山へ登ると、眺めがすばらしいといった。

それまで、部屋の窓から、物見石山の方角へ、さかんにレンズを向けていたBさんが、低い声だが、おお、とかなんとか、うなり声を上げた。重いカメラを肩にして、行こう、行こうと、Aさんと、わたしへけしかけた。

小屋の若い人が、Aさんと、Bさんを案内して、裏山の頂上へ登る三人の姿が、窓の下に見えた。まったく、達者な人らだなと、わたしは、一人部屋の窓にもたれ、見送った。

夕日を受けて、物見石山の方角の山肌の明るさが、すごく美しかった。

小屋のわきは、裏山へ続く細長い斜面になって、その斜面のへりは、上から下まで、大木のまじった原始林で、丁度その原始林は、小屋の防風林のようにもなっていた。まじった大木のてっぺんの小枝へ、鳥がとまっていた。何かのひょうしに、飛び立って、別の枝へとまると、それにつれて大木のかげから何羽も鳥が飛び散って、また別の枝へとまった。音もなく、まったく静かな夕方である。Bさんがおれば、鳥を目がけて、レンズを向けることだろうがと、一人ぽつねんとしていた。

いつのときでもそうだが、夕方小屋へ入って、腰を落ちつけたら、再び、どた靴はいて、近くの景色などを見物に出かける気にならないという、無精者のいやな癖をむき出しにしたことが、Aさんや、Bさんに、わるいことでもしたように思われもした。

登山者は、わたしたち三人だけのようで、泊まり客は外にはなかった。小屋に住む人たちは大勢で、階下から、にぎやかな声が、静かな部屋にきこえてきた。

裏山からもどってきたAさんとBさんの話によると、裏山の夕日の眺めはすばらしかったそうである。Aさんは、にこにこして、ポケットから拾ってきた平たい小石を、二ツ三ツ、テーブルの上にのせた。夕暮のことで、写真にはならなかったとBさんがぼやいていた。

自然木の上部だけを平たく削って作った、見るからにがんじょうな二階の階段も玄関の上りかまちも、廊下もぴかぴかに拭きこんであって、調子をとって歩かぬことには、つるりと滑りころびそうだったが、いったいに、手入れが行きとどいていて、気持よかった。山小屋によると、夏場だけの稼ぎ場所にしていて、何もかも、やりっぱなしの不潔なものが目立つのもあっていやになる。汗かいて汚れくさった身体して泊まる山小屋ではあるが、整頓された清潔な小屋である方がどれだけよいかしれん、といつもわたしは山小屋へ泊まる度に思うのである。

バスの終点からの道のりは、そうたいしたことないのに、わたしは、やはり年のせいかひどく足がもたつくほど疲れていた。Aさんにしても、Bさんにしても、自然木の上の方だけ削ったがんじょうな、二階の階段を、とんとんと、調子よく下りて風呂場へ行ったのに、わたしだけは、いざりのように、ねずり下りねばならなかった。

下の部屋では、小屋の若い人らが、故障したテレビを、いじくっていた。いじくりすぎて、もう、その人たちの手にはおえないものになっているようすであった。以前の山小屋生活にくらべて、今日の山小屋生活は、ひどく変わったものである。ラジオやテレビで、何にもかも知っておる。わたしたち以上に、世間の物知りであって、こちらは、あまりに知らなすぎて、どぎまぎするほどである。

小屋の主人が、晩飯のすんだところへ上ってきた。わたしは、晩飯がすんだら、長々と横になって、のびてしまいたいところであった。主人は、もそもそしていたが、やがて、お疲れのところなれど、自分の作った美ガ原のスライドをご披ろうしようというのであった。

スライドの映写と、解説はながながと続いた。Aさんにしても、Bさんにしても、そこは、良識のある紳士であり、山男である。ことに二人とも、山にかけての博学の士だ。だからといって、真底から、二人が歓迎して、スライドや、解説をきいていたかどうかは、わたしには、わかりかねることだった。

親子二代にわたって美ガ原を観光地として開発に努力した人だけに、スライドはともかく、その美ガ原のことについては、一木一草《いちぼくいっそう》、そこらに転んでいる小石の数までも、知りつくしておろうという美ガ原の博識ぶりは、当然なことだろうが、わたしはひどい疲れも、いっぺんにけし飛んでしまうほどの驚きであった。わたしは美ガ原ははじめてであったから、予備知識をさずけられたようなものだと思ったりもしたが、Aさんも、Bさんも、美ガ原は、もうたぶん知りつくしている二人だろうから、どんな顔しているかと、うす暗いなかをとおして、そっと見ると、Aさんはじっと端座《たんざ》した姿で、スライドに見入っていると思われた。Bさんはと見ると、太った身体をもてあますようにあぐらをかき、少し前のめりの姿、どうも頭が時に前にかたむく調子であった。まさか、元気いっぱいのBさんが、疲れて舟をこいでいるとも思えないがと、わたしは、小屋の主人の手前、それを、なんとなく気にやんだ。

高原の美女たち

山本小屋の裏を登った、なにか地形が、昔畑にでもなっていたような感じの地肌で、そこに土管形の小屋の棟が建っていた。冬になって、あまり使わない夜具や道具など置いてあるそうだ。その前の少しの緑の葉をあさっている羊が何匹もいた。昨夜、小屋の主人からきいた、登山者へ食わすジンギスカン鍋の生きた材料かと思った。

頂上は、平地のような地形で、中心になるあたりに、四角に石積ができていた。あたり一面は、平べったい石のかけらで、その上をやたらに歩きまわった。はじめて登ったことだし、山の形にだって、これといって、特徴があるでなし、ただ、眺めては、山の名を想像した。歩く足元には、たしか、紫色の花がたくさん咲いていたようにも思うし、また、そのころに、そんな花が咲いているものか、いまそんなこと思い出した。

防火線だろうか、平べったい山頂を道のように石が取りのけられていた。Aさんも、Bさんも、わたしも、三人とも、てんでんばらばら思いのままに、あたりを歩きまわった。

山本小屋は、大木の林に囲まれているし、窪地に建っているものだから見えない。その小屋の建っている林の右よりの上の方の平地に、こしくれた大木や、大木のてっぺんだけが枯れたのや、全部枯れた大木らが、こんもりと繁り合った林が見下ろせた。わたしたちはその林の方角へ向かって下ろうとした。林の近くの枯草の上に腰を下している三人の娘さんが目についた。娘さんのそばには新聞紙かなにか、紙がひろげてあった。お弁当をつかっているのかなと思った。わたしたちの方へ背を向けているので、はっきりわからなかった。

Bさんは心はずませて、Aさんの方を振り返り、巨体をゆすぶって笑顔した。そして、下って行く足元が、なんとなく軽々としていた。肩にしている三台のカメラのぶつかり合うのに、気をとられてもいるようだった。

わたしたち三人が、下って行く気配に、三人の娘さんらも、気がついたようだった。三人とも、下って行くわたしたちの方を、顔をねじ向けて眺めていた。その中の一人が立ち上って、カメラをわたしたちの方へ向けた。

おじさま、写真うつしたわよと、わたしたちの方へ向かって声かけてきた。おじさまといわれて、くすぐったかった。にやにやしてBさんが近づいた。そして、写真ならこっちは本職だから、うつしてあげるといった。

娘さんたちは、Bさんが、そういったものだから、広げていた数々のものを、大急ぎで片づけた。わたしたち三人の後について歩いた。Aさんは、娘さんらを振りかえって、苦笑みたいな、おかしな顔していた。

上から見下ろした林の中へ、わたしたち三人は入った。林の中はミズゴケが生えてじくじくしていた。水溜りもあった。大木の外に雑木が、庭木のように生えていた。

この水溜りの水を、山本小屋は、鉄管を埋めて、引いているのじゃないかと思った。水溜りの水は、草原を小さい溝になって流れていた。前の日の夕方、山本小屋へ下って行く途中で、小さい清水の溝をまたいだが、林の中から流れ出しているのだなとわかった。

林の中を出て見ると娘さんら三人は、もう向こうの方を歩いていた。向こうの方に何一つ、さえぎるものもない原っぱのまん中へんに、写真でしか知らなかった美ノ塔が、霞んで見えた。まったく、とてつもない原っぱだなと思った。わたしたちは、娘さんらの後を追っかけるように、原っぱをどんどん歩いた。行く手の向こうに、テレビ塔や建物が眺められた。原っぱには、娘さんら三人と、わたしら三人だけしか歩いていないが、テレビ塔のあるあたりには、多勢の人が、ぞろぞろと群れているのが眺められた。

水溜りがあった。娘さんらに追いついた。Bさんがそこで、娘さんらに向かって、この人、Aさんですよと、にこにこ顔して、紹介した。ところが、Bさんの紹介の言葉が終るか終らんというのに、一人の娘さん飛び上って、両手を振り上げて、まあ、と、一声大きくさけんだ。その大声上げた娘さんは、Aさんと並んで、ぜひとも、記念に写真とってくれと、Bさんに両手合わせて、おがまんばかりの仕草した。

水溜りを前景にして、記念撮影することになった。Aさんは、娘さんに、手を引かれんばかりにして、照れくさい顔して渋々と水溜りの向こうへ行った。手前でB

さんは三脚立てて、カメラをのぞいている。位置がきまれば、水溜りの向こうへ、Bさんも飛んで行こうというわけである。

Aさんは、両方に娘さん、Bさんともう一人の娘さんが並んだ。わたしは、並んでくれる娘さんが足りんので、はるか後の方で、うろちょろしている内に、カメラのジャーというのが、かちっと音たてた。

肌寒い風が、原っぱを吹き流れた。娘さんたちは、いともほがらかに、はしゃいだ。どうもわたしは、仲間はずれみたいに写ったにちがいないと思うと、腹の虫がおさまらなかった。記念撮影公平にやってもらいたいものだと、Bさんに抗議した。そこで、もう一枚ということになった。

Bさんの発案で、一人ずつ娘さんと手をつないでうつすことになった。そうなると、Aさんは、ますます照れてしまった。わたしはこの年して思うと、恥ずかしいやらで、胸がどきどきした。水溜りの向こうで位置をきめたBさん、手をつなぐのにおくれてちゃいけんと、鉄砲玉のように相手の娘さんのそばへ飛んできた。

高原の岩の群

前の日の夕暮れに、どたどたと歩いた道を引きかえすように、道からかなりはなれた草っ原の中を、美ノ塔へ向かって歩いた。ふり返って見ると、山本小屋の建っている森が少し窪地のあたりに見えた。

山本小屋の主人が、「登山者が多くて、原っぱの中を、目茶苦茶に歩くものだから、草も育たなくなった」と話したが、なるほど、原っぱの枯草は、哀れなほど貧弱なもので、枯草どころではない、草がすり切れて、赤土がきたなく目だっていた。この分だと、季節の花も、原っぱから、よほど奥まったところでないと、見られないのにちがいない。

また、山本小屋の主人は、原っぱの中を歩けんように、道ばたに柵を作ったらともいっていたが、わたしは、その案を、鵜呑みにはできないように思った。現に前の晩に、そのことをきいていて、山本小屋の主人の嘆きを百も承知しておりながら、原っぱの中を、ひょこひょこ、わたしら三人歩いた。得手勝手なものである。原っぱを吹きぬける風は、少々肌に寒かったが、あたりの景色を眺めるだけでなく、自分の足から伝わってくる山の感触を味わうのが、ほんとうの山歩きの一番大きな喜びだなと思った。

美ノ塔を背景にしてBさんが、Aさんの姿に、何度も、カメラのシャッターを切った。わたしも写してくれた。美ノ塔あたりを写してしまうと、Bさんは、太った身体でせかせかと、高原の中心部になる十字路の方角へ歩いて行った。十字路のあたりには岩の群と、何頭かの馬が見えた。ずうっと向こうの、地平線みたいになるあたりには、草っ原に寝そべってる二、三人の人の姿も見えた。天気は薄曇りであった。

石積みの美ノ塔の実物を見るのは、わたしは、はじめてであった。塔のてっぺんの鐘を見上げ、裏側にまわって、尾崎喜八先生の有名な詩を眺めた。石積の塔の中は何人かの人が入れる土間になっていた。入口に戸もあったらしいが、荒々しくこわれていた。土間は、じめじめしていて、かびくさい変な臭いがこもっているようだった。鼻つんぼのわたしにさえ、臭いのだから、よほど強い変な臭いにちがいない。空き缶や、あきビンが、やたらに散らかっていた。ことに、ビニールみたいな紙切れは、雨に打たれて、きたならしかった。美ノ塔などと、なかなか、ロマンチックなんだけれど、あたりのきたならしさに、そのロマンチックが、泣くなと思った。

岩の群の一つに、平べったいのがあった。平べったい岩の上に、塩気のあとがいくつもあった。牛や馬が塩をなめに集まる場所だそうな。わたしたちがそこへ立っていると、向こうから馬が二頭やってきた。Aさんが、おっかなびっくりへっぴり腰して、遠くから手を延ばして、鼻なでても、じっとしていた。

まことに人なつっこい馬だった。Bさんが、カメラ向けていたが、急にシャッターきるのを止めて、Aさんに、写す位置の注文つけた。それによると、馬の後から、Aさんが、馬の尻をなでているかっこうになった。Aさんにしても、茶目っ気がある。内心は後足で、ぼきんと一本やられはせぬかと、びくびくしているのだろうが、見た目には、いともなれなれしいかっこうで、馬の尻をなでていた。その馬がおすだかめすだかそのとき気がつかなかったが、人なつっこくておとなしい馬だったので、めす馬だったにちがいない。

岩の群にまじって二人の中学生の遭難の碑が建っていた。だだ広い原っぱの中で、霧に巻かれたんでは大人でも、方角がわからんだろう。前の日の夕方、わたしたち三人は、夕靄につつまれて歩いたのだが、先方の見通しのきかないとこ歩くのは、なんとなく心細いものだった。AさんもBさんも、美ガ原は経験者だから、わたしは、ただついて歩いてさえおればよかったのだが、その経験者のBさんでさえ、百メートルぐらいの間隔で建っておるはずの指導標を、靄のなかに見つけると、ほっとした声つきで、これでよしと、またすたこらと歩いたほどであった。昔の中学生が、霧にまかれては遭難するはずだなと思った。

塩を置く場所のあたりには、変わった形の岩がたくさんあった。Bさんはその岩の群を眺めたとたん、熱だして浮かれたように、ふわっとしているかと見るや、その岩めがけていそいそと駆けよったりした。そして、その変てこな形の岩の一つ一つに、写真機向けて、にやにやとしてよろこんだ。Aさんには、その岩の形の意味が、わかるのか、わからんのか、これもにやにやしていた。

広っぱの向うの方の草かげの日当りのいい場所に二、三人の人が枯れ草の上に寝そべって、わたしたちの方を見ているようだった。どうもこの人たちは、寝そべっているそばに持ち物が見当らないところを見ると、登山者ではなく、牛馬の世話をする人のようにも思えた。

その寝そべってる人たちの向こうには、ゆるい勾配の枯草の尾根がずうっと向こうまでつづいていた。茶臼山だとか、小滝山、そして三峰山、和田峠へ出られる尾根筋だろうと、一人で考えた。わたし一人で登ったんだったら、あるいは、わたしは、ふらふらと、尾根を歩いて和田峠へ出たかもしれん。なにか、自分にさそいかけるような明るい尾根だった。

　前の日の夕方歩いた道を、引きかえすように、王ガ鼻の方角に歩いた。道のへりに、草に埋まるような格好して、変てこな岩があった。おおうとうなって、Bさんは、近よりざま、写真機を向けた。Bさんはもう、岩に憑《つ》かれているんだなと思った。どういう案配の岩かなと、わたしも近づいて見た。その岩は、眺めようによっては、あるいは欲情をうながしはしないかと思われる格好をしているから驚いた。

　塩を置く場の岩の群の一つ一つが、みなこれだったにちがいない。それなら、わたしも思う存分に眺めておくのだったにと、岩の群の方へふり返るとAさんと、がっちり目玉があった。Aさんは、とっくの昔に気がついていたにちがいない。苦笑いをした。

　わたしも、勘どころの動きは、少しはあるだろうと、これまでも思っていたものだが、自信をすっかり失った。しかし、Aさんも、Bさんも年が若いんだものなとも考えた。

サインを求める美女

テレビ塔の建っているあたりの、建物のぐるりには、大勢の人たちがぞろりぞろりと動いているのが、遠くからでも、はっきりと、よく見えた。天気がよいから、観光客が登ってきたのだろう。

わたしたちは、原っぱの枯草のなかを、左へ片より、右へ片より、もたもた歩いた。大勢の登山者が、季節の頃は、目茶苦茶に原っぱを歩くもんだから、この頃、草の育ちが悪くなったと、前の晩に、山本小屋の主人にきかされたばかりだったので、たとえ、枯草の原っぱでも、道でないところを歩くのは、なんとなく、気がひけてならなかった。

原っぱは、ゆるい傾斜で下っていた。そこは浅い枯草の谷になった地形で、向こう岸は明るい林になっていた。浅い谷の地形は、ゆるく下って、向こう岸の林のへりで、ふさがるかっこうになっていた。地図を見ると、どうも、武石川《たけし》の一つの支流のどんづまりのようにも、思われた。

浅い谷底の、ほんの一部の地肌を全部はぎとって、棚でかこんだところがあった。それは、そこに新しく育つ雑草の種類や、発育状態を調べる場所なんだそうだ。一方では、雑草を繁らそうと研究している。一方では、年ごとにふえる登山者が、繁る雑草を、片っぱしから踏みにじる。まるで、追っかけっこをしているようなものだ。

浅い谷底から、わたしたちは向こう側の林の岸に背を向けて、手前の岸をはい登るようにして登った。まばらなかん木があって、大きな岩が、浅い谷に向かって、つき出ておった。

大きな岩のあるあたりには、観光客がくるらしい、かん木の中も、雑草の中も、人が歩いて、踏みあとが自然の小道になっていた。眺めるのによい場所は、誰でも立ちよるもので、大きな岩のあたりは人の踏みあとで地面がすりきれていた。

大きな岩は、別になんの変わったところもないかっこうのものだった。AさんとBさんは、大きな岩の下で、岩をなでまわしなどして、こそこそ話しあった。なにごとが、これからはじまるかと思った。

大きな岩を見ても、Aさんや、Bさんが、若い血潮をたぎらかすような形はどこにも見当らない。Bさんも、これまでのように、岩を見て、目の色を変えるという取りみだしかたもしない。二人とも、いたって、沈着な態度で話しあっていた。

Bさんが、大きな岩を見上げて、カメラを向けた。Aさんが、岩にへばりつくかっこうをした。いつのまに取り出したのか、Aさんの手には、岩登りの道具が、ちゃんと、握りしめられていた。これは、Bさんが、仕事の上で、一芝居うつつもりなんだろうかと、わたしは、そばでじっと眺めた。

テレビ塔のある建物のあたりには、いつのまに登ってきたんだろうと、驚くばかりの人の群れだった。サンダルばきの女の人は、歩きにくそうだった。連れの男が、いたわりがちに連れ添っていた。

なんとなくわたしが二人連れに見とれていると、Bさんが、あんたは二人連れにばかり気をとられていると、にやにやしてわたしにいった。わたしは、別に二人連れに見とれていたわけでなかったが、美ガ原も、もう、わたしの考えのなかにある山ではなさそうだなと、考えているうちに、つい二人連れが目立ったというわけである。

六角建てのような、または八角建てのような、かっこうの山小屋へ、わたしたちは、入った。周囲が、全部窓になっているので、坐りながら、外の景色が、全部眺められるという建物だ。二階もあるから、そこは、登山者の泊まれるところのようだった。

テレビ塔の関係の、コンクリートの建物が、頂上の一角を建てつぶしているものだから、変てこな建物の山小屋は、そんなに目立ちはしないが、もし、頂上に、変てこな山小屋だけぽつんと一軒建っていたのだったら、さぞ目障りなものになったにちがいない。そんな感じのする建物だった。

下界の中でも、強欲に自分だけの利益を追っかけて、他人のことにはおかまいなしの人が、うろちょろしている世の中だが、登山が、今日盛んになって、ついにそれが、山の上まではびこってきたというものか、それを考えると、なんとなく気色わるかった。

わたしたちのそばのテーブルに、わりと年をとった娘さん二人が休んでいた。使い古したリュックから見ると、山歩きの好きな、二人の娘さんのようだった。それが、ちらりちらりと、ささやきあって、わたしたちの方を見ては、またささやきあった。Aさんと、Bさんは、それと、気がついていたものかどうかわからなかったが、わたしは、さっきからその二人の娘さんに気がついていた。

わたしたちは、簡単な昼食をとって店を出て、テレビ塔の建物の北側に出た。そこは、登山者が一人もいなくて、がらんとした静かさだった。王ガ鼻から出て行く、登山道路が山の尾根を通り、山の腹を巻いて、下っているのが一目で眺められた。その白い道を、バスが二台連なるようにして下って行った。まったく広々とした眺めだった。多分、北アルプスも南アルプスもよく眺められる場所だろうに、おしいことに、遠くの方は、靄がいっぱいかかっていた。

Bさんも、カメラをいじくるのに堪能したのだろうか、写す気構えをすっかりなくし、Aさんをつかまえて、遠慮がちな無駄口をたたく一方になっていた。

テレビ塔の建物の陰から、女の人が、二人あらわれて、こちら見つめて近づいてきた。さきほどの、山小屋で、そばのテーブルにいた女の人たちだ。わたしは、また、女の人の連れができそうだと考えた。Bさんは、また、胸わくわくしているにちがいない。Aさんはと見ると、いつもの苦笑であった。

ところが、である。女の人の一人は気まりわるそうに、Aさんに近づいてきて、頭を下げて挨拶した。女の人の片手に小さなスケッチブック、片手にエンピツを持っていた。Aさんにサインしてくれというのである。Aさん、いよいよてれて、わたしたちの方をふりむいて苦笑した。

その女の人、以前のAさんの住いの近くの人で、Aさんの姿よく見て、あれが有名なAさんだと、わかっていたのだそうである。それが、はからずも、名も美しい美ガ原の頂上で、面と向かって、言葉をかわす好運にめぐまれたその喜びで、どういうことになるのかと、眺めているわたしの気のせいか、女の人のさし出すスケッチブックを持つ手がふるえているようで、また、ぽっとほほの色がさえたようにも感じられた。ひときわ美しい女の人だなと思った。

その場の光景の一部始終を眺めて、わたしも、一度でよい、ああした美しい人にサイン求められてみたいものだなと、とんでもない妄想をたくましゅうしてはっとした。

Bさんは、あまりにあざやかな娘さんの演出に、自分の出る幕ふさがれて、手持ちぶさたのかっこう、毒気ぬかれた顔つきをして、ただ見とれているだけだった。

いつもなら、カメラを向ける光景にちがいないのだが、それさえしないところを見ると、Bさんの受けた衝撃はいくらかあったにちがいない。こうした山も、また、愉快なものだなと、わたしは、楽しかった。

峠を越えた男　1978年

三つの峠を越えて

物見峠

バスの中には大勢の山姿の若い男、若い娘さんが乗っていた。煤《すす》ガ谷《や》でバスから下りたのはほんの三、四人と、わたしの一家全員だけだった。ほかの人らは、もっと奥まったところへ行くらしい。この分なら静かな峠越えができそうだと思った。

停留所のそばには何軒かの小店があった。コンクリートの立派な橋の上から見下ろすと、川床がかなり下の方である。きれいな水が流れていた。あたりはなんとなくしっとりと落ちついていて、もう山へ入った気持が強かった。

川に沿うて進んだ。家族の者はいそいそとして歩いた。歩く道から、急に右へ坂道が登っていた。はじめ人家への入口かと思ったが、それが、物見峠への登り道の分れ目だった。上の方に農家が何軒もあるらしく、登り道のはじめごろは、コンクリートで舗装してあった。そこの農家の庭先の崖っぷちの、雑草の中のこけに、たくさんのラン科植物を見つけた。竹の葉を大きくしたような一枚葉で、クワイの球根を押しつぶしたような球から、にゅっと、一枚葉が出ているものだった。それを見ているわたしのそばへ、子守している老母が、にこにこして近づいてきた。地方でなんといっているかきいてみたが、その老母は知らんといった。

急なコンクリートの道がすんで、畑道になった。その上の方にお寺が建っていた。コンクリートの道はお寺用のものかと思った。南の向きの斜面に建っている草ぶき屋根のお寺は、まぶしいほど明るかった。

人家を通りすぎると畑もなくなり、山道になった。小さな谷をはさんで、向こうに丸味のある青葉の山が続いていた。青葉の山は、明るいんだけれど、なんとなく、胸の塞がる重苦しさがある。少し登りにかかる。わたしは、もう背中に汗をかいた。林があったり、草山であったり、道は山の腹をひと廻りしたり、急に登ったりした。草山を登ると、小さな谷の向こうの山が急にせまってきた。急な斜面の山肌だ。そこから山仕事をしている物音が静かにきこえてきた。山は、一帯に植林のように思えた。杉が多かった。

大きく坂道を廻って、上の段の道へ出ると、下の道で人声がした。若い人たちだ。

すぐにわたしたちを追い越して上へ登ってしまった。わたしの一家の女子供連の足は、まことに変てこで、早く歩いているかと思うと、てこでも動かぬようになって棒立ちして休んでいる。道がはかどらないのは、あたりまえであった。

林のへりにツツジの花の残りがあった。青葉の中でそれが目立った。林の下草にまざって、春蘭の花が目立たずにひっそりと咲いていた。そんな林の中の坂道を登りきって、尾根に出た。灌木を切り開いた場所からは今登ってきたのとは反対側の谷が見下ろせて、向こうに青葉一色の山続きが眺められた。その一つが辺室山というのだろうか、長男が地図と見くらべて首をひねっていた。辺室《へんむろ》山だろうかと思われる山の麓の方に、林道だろうか、曲り曲って道が通っているのが道の赤土でそれとわかった。

尾根筋の道は少しずつ登った。登り道は山の南側のまばらな林の中を行くようになった。物見峠の続きの山で、もう峠は近い。手入れの行きとどいた道であった。道の曲り角などの小さな崖っぷちは、小さな山石を積んで、道の崩れをふせいであった。

明るい林はほとんどが落葉樹で、大木はなかった。小さな灌木の林は、なんとな

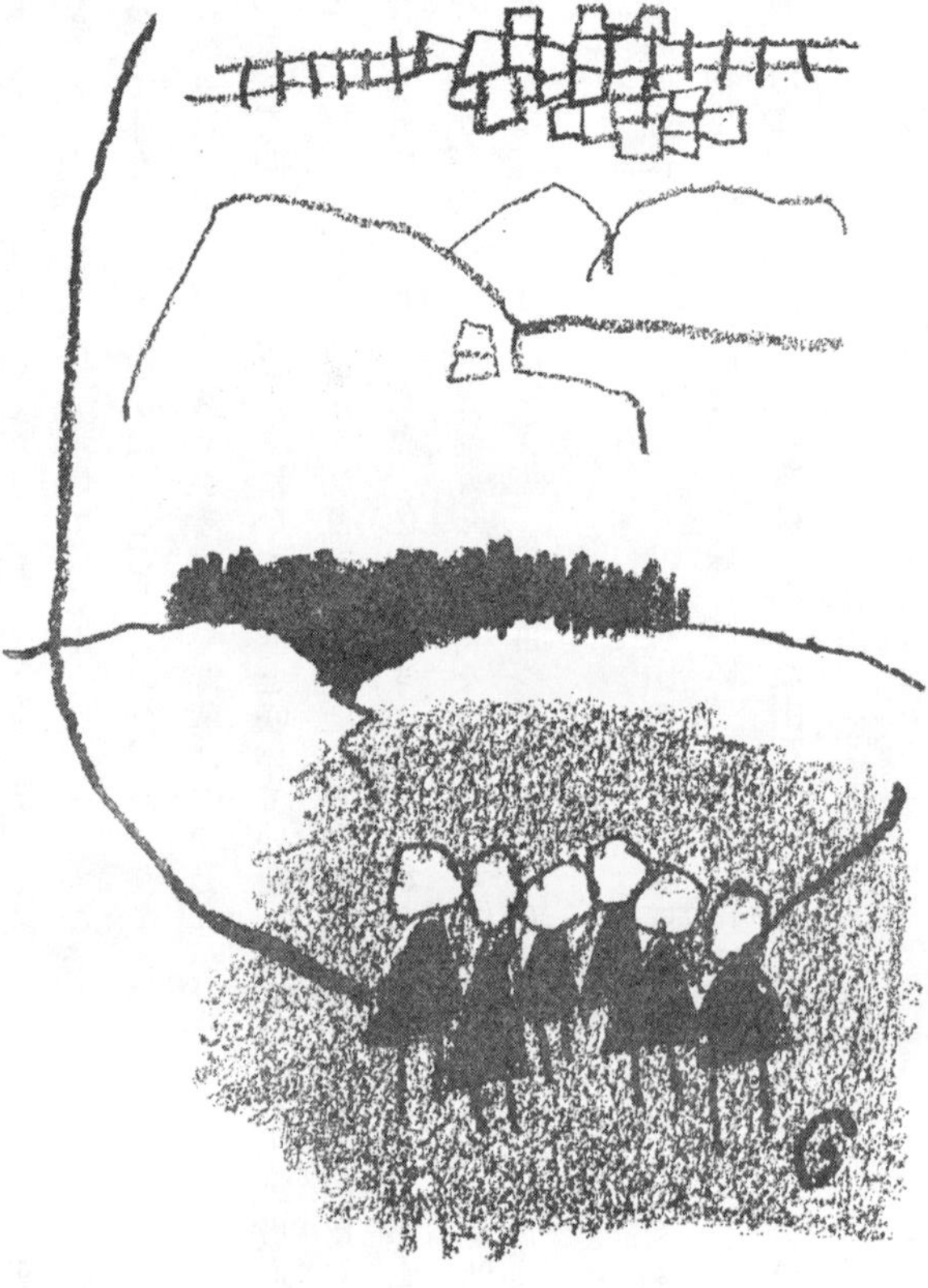

く自然のままの姿で、どうも、民有林の林とどこか違うところがあった。あるいは、もうこのあたりから国有林だろうかと思った。

道の行く手の尾根筋の一カ所が、特に窪んでいた。歩く道を曲り曲って進めば、その窪地へ行きつくというのだろう。そこが物見峠に違いないと想像した。林の向こうから人声がきこえてくるようだった。林の向こうの峠がよほど近くなったに違いない。道がゆるいものだからわたしの引き連れる家族の足もいやに早く、わたしを残して、とっとと皆んな先へ行ってしまった。

物見峠からの眺めは、周囲の山が入り組んでいるものだから、その山のどてっ腹を目の前に見るというありさまだった。だから雄大さの中に峠を越すというのではなく、なんとなく村から村へ気楽に越すという峠の感じで、いまもなお村人が山仕事に利用しているという、人の匂いの強い峠で、現実の峠に立ったという気分でいっぱいになった。

峠の右に続く山がわりあいに高さを感じ、二つ三つの丸味のある頂上になっていた。三峰山《みつみね》、その向こうに大山《おおやま》、そして丹沢の山の連なりが、霞んで眺められた。

それらの山々に囲まれて、これから下って行く谷合いが深々と見下ろせた。

峠は休み場所もないくらいの場所、むき出しの赤土に新聞紙をしいて、すでに登りついている若い男の人、若い娘さんらが、口に入れるものをひろげて、休んでいて、てんでにおしゃべりを盛んにしていた。

登る途中、わたしたちを追いぬいた連中の人数より峠に休んでいる人の頭数が多い。たぶん、わたしたちの乗ったバスの一つ二つ前のバスでやってきた連中だろうかと思った。

もうわたしたち家族の休み場所もないありさまだった。わたしたちは、峠のはずれのちょっとした高みの平地へ新聞紙をひろげて腰を下ろした。女子供は待ちかねたように、小さなリュックから口に入れるものを取り出して、目の前にひろげた。

こうした人の匂いの強い峠道は、わたしの生まれ故郷のあちこちにある。生まれ故郷は山村にはちがいないが、村の山そのものは高くも深くもない。生まれた家の裏山を登って隣り奥の村へ越す峠など、物見峠のささやかさと、まったく同じである。峠の頂上が窪んで掘り割りになって、両方の岸から赤土がこぼれ落ちているのも同じだ。わたしは、目の前にひろげた口に入れるものをしゃぶりながら、子供のころを思い出した。

登るとき、静かな峠でありそうだと考えていたのに、峠へは、後から次々と登ってくる人が多かった。中には、峠にちょっと立ち止まっただけで、さっさっと越して下っていく人もあった。そして、休んでいたほとんどの人も下って行った。

峠を下って行ったのは、わたしたち家族六人が、一番あとであった。下り口に一株のアシビの木があった。二女が、登る途中からアシビの木のことをさかんにきいていたので、これだと教えてやった。二女は、これがアシビか、案外つまらんもんだ、というような顔つきをしてアシビを見ていた。

一の沢峠へ

物見峠から下る道は、溝の底を歩くようなもので、足のはこびがきゅうくつで、足元がもつれた。赤土なものだから、しめった表面がよくすべった。

アシビの木の小株が、道の岸に一株生えていた。花は咲いていなかった。次女が、アシビがあったら教えろといっていた。これがアシビだと教えた。この木なら、家の近くの植木畑に一本植えてあって、白い花がたくさん咲いていたのを見たと、次女はいった。

わたしの郷里では、ドクシバなどといっていた。地方の方言なんだろうけれど、それにはいわれがあるようだ。わたしの子供のころは、今日のように農薬などはなかった。水田の稲に害虫がわくと、竹筒の底から少しずつ油が流れ出す仕かけの手製の道具で、稲株の間に石油か油かをまき散らしたものだ。また野菜畑に害虫がわくと、山からアシビの葉を取ってきて、大釜でにたてて、にたてた出汁の冷ましたものを、野菜のはっぱに振りかけたものだ。きき目があったかどうか、いまもって知らないが、便所の中へもアシビの葉を入れていたのを見たことを覚えている。毒のある植物にはちがいあるまい。わたしは、家族の者らと、そんな昔のことを話しながら、足元に気を配りながら、峠から谷へ向かって下った。

地図にある八一四メートルの頂上に連なるこぶこぶの山の裾を下ると、小さな流れを渡ったり、渡りかえしたりした。下り道がゆるくなったあたりは、流れ水が少ないが、ちょっとした川原みたいになっていた。イタドリの新芽が河原みたいな場所に、一面に芽をのばしていた。イタドリの親株は、枯れてきたなかったが、のびた芽は、新鮮で生々としていた。

わたしの子供のころ、わたしは、季節がくると、イタドリをさがして、郷里の生家の裏山一帯を歩きまわったものだ。日陰にあるものは、丸木が太くて、そうとうに伸び育っても、やわらかかった。わたしは学校から帰ると、かばんもなにもおっぽり出して、毎日のようにイタドリさがしに出かけた。

やわらかいイタドリは、皮をむいて塩をつけて食った。親からは、あんまり食うと腹をこわすと、きつくいわれたものだ。いくらいわれてもイタドリさがしはやめなかった。なんども腹をこわして、それみたことかと、親からその度ごとにどなられたものだ。

生々と伸びたイタドリを、子供ら四人ともが、ぽきんぽきんと折り取りはじめた。竹の子みたいに伸びたイタドリは、もう筋がかたくて食えるものではない。伸びたのをひと目見て、わたしにはそれがわかる。

そんなイタンボ取るのはよせ、とわたしはとめた。イタンボとは何んだと子供はくすくす笑った。子供のころいいなれた方言のイタンボが、思わず口に出たのである、子供らは、スカンポといいなれているのである。

道は平坦だが、いつのまにか、山のどてっ腹の道を歩いていた。はるか下の方に谷底があった。炭焼きに木を切ったのか、あたりの山はまる裸になっていた。そこで道は行き止まりになった。荒れたふみ跡が谷底へ向かって下っていた。それの外には道がなかった。

あたりは、谷をはさんで山がきつく、両方からせまっていた。下りついた谷底は、少しばかりきれいな川原になっていて、きれいな水が、さらさらと流れていた。中ほどには、大きな岩がいくつもあった。岩と岩の間を流れる水は、小さな滝の形をしていた。

川原に弁当をひろげて、わたしたちは昼飯を食った。両側の山がせまっているけれど、下ってきた方のはげ山に日が当っているものだから、谷底の川原は、とても明るかった。

そこへ、男と女の何人かの組と、男だけ三人の組が下ってきた。男と女の組の、女の人らは、ぺちゃくちゃとおしゃべりして、飛び石伝いに、わたしたちの昼飯を食っている川原へ渡ってきても、休みもせずに川原につづく雑草の小道へはいって、下流へと下って行った。

三人組の男たちは、流れの中の岩へ登ったり、川原へきて坐ったりして、写真を取りあっていた。子供たちに向かっても、なにかしら親しげに話しかけてきた。このごろの若い人は、見ず知らずの者には話しかけてくるどころではなく、小道ですれちがっても、挨拶さえできない人が多い。三人組の若い人らは、山ずきで、また、山での礼儀をよく心得ている人らかなと思った。

昼飯を食った川原を出はずれてしばらく下ると、谷あいがずっと広くなった。ゆるい山肌を畑にして、杉や檜の苗を育てている所があった。道はその苗畑の中ほどを横通りした。その苗畑の下の方の土地を平にして、四、五人の人が、声をそろえて、家建ての柱を立てていた。どうも、苗畑といい土地のありさまから判断して、営林署の建物じゃなかろうかと思った。苗畑から、道は小さい出鼻をひとまわりした。下ってきた川は、道のすぐ下を流れていた。水は少ないが、川床の幅はかなり広くなっていた。よくふまれた道は、そのままに流れに沿うて下っていたが、わたしたちの行く道は、そのところで道から岸をすべり落ちるようにして、川原へ下りて行き、川を渡って、急な山坂を登るのであった。

わたしは、この年になるまで物見峠を越えて、ヤビツ峠へ行くそのなかに、もう一つ峠があるなどということ、少しも気づかなかった。これまでも、地図を見ないわけでもなかったが、まことにうかつなことであった。どうも、これは、わたしの山歩きに計画性がなく、場当り的な山歩きをしてきたことの結果がここに出たもののようだった。それと、こんどの山歩きは、なにもかも長男の計画によるもので、長男まかせで、わたしは、ただ、長男のいいなりについて歩いていればよい山歩きだったので、その辺にも、原因はあるようだ。それにしても、物笑いなことである。

川の中の石の上を飛び飛び渡った。渡った方の岸の岩にたくさんダイモンジ草が白い花をつけていた。雑草の中にもなにか咲いていたようだが、忘れてしまって思い出せない。

道は、小さい沢に沿うて登った。急な登りであった。その小さい沢へ、行く手の右側からもう一つ小さい沢みたいなのが出ている。その沢の出合いのところから、道は急坂となって上へ向かっていた。きつい登りであった。青草の雑草が道をふさぐほど繁っていた。

長男や次男は、身軽い足どりで、ぐんぐん登った。長女も次女も、登りになると足元が弱まって、なにかしら、愚痴っぽくなってきて、わたしをやきもきさせた。女房の登る姿が、先にも後にも見えない。変なことだといって、長女が大声上げて、呼びかけた。ところが、姿は見えないが、はるか上の方で、子供の名を呼ぶ女房の返事がわりの声がきこえてきた。一人だけが、勝手に黙々と先へ登られても困りものだが、じっくりと、黙々として、山を登ることの大切なことを長女も次女も感じ取ることができたろうか。

雑草がつきて、行く手を森林でふさぐかっこうになったところが峠の頂上だった。指導標に一の沢峠とあった。こんな名の峠を越えようなどとは夢にも考えていなかった。あたりの様子では、さきほど越えた物見峠の人の匂いの強いのと反対に、物静かで、深山のしっとりとした趣のある峠であるなと、一人わたしは立ちつくした。

家族の者は、歩いてきた方を振り返って、ああだ、こうだと、話し合っていた。あの方角が物見峠で、ああ、こうと歩いた道順を目で追うと、苗畑の建物工事の場所がま下に眺められた。その苗畑の中の道を山歩きの人々が二十人ぐらいもおろうか、一列に連なって下流へ向かって歩いているのが、小さく眺められた。

札掛の谷あい

一の沢峠に立つと、自分たちが登ってきた方角一面は、ぱっと明るい見通しのきく眺めだった。これから下って行こうとする方角は大木の繁った深い林だった。日の目もとどかない深林の中の道はしっとりとしていた。大木を眺めて、子供に、何んの木かと問われても、わたしの知識では、それを、一々説明できなかった。自分の子供の頃から、自分の周囲で見なれている赤松や、黒松や、椎の木などなら、目をつぶっていてもわかろうというものだが、こうなってくると、自分の知っている木の種類などは、見当らないといっていいほどで、松科植物の大木には違いないと、わたしは、子供に説明した。

下って行く深林の中の道は、ほんの少しだけれど、北アルプスの清水岳《しょうず》から、祖母谷《ばばだに》へ下る途中の百貫山《ひゃっかん》あたりの下り道を思わすものがあった。丹沢にも、こんないい深林の下り道があるのかと思った。

大木の根元に、エビネランが何株かあった。大体エビネランは、林の日の当りにくい場所にあるものだが、この深林では、日の目もささぬ。そのためか、育ちが悪くて、花芽のある株はなかった。ずいぶん種類のあるエビネランだが、同じ種類のものでも、育つ場所で花の色が少しずつちがうものだ。最近、キリシマエビネを友人からもらって育てた。これは、純白に紫の筋がほんの少し見えて、まことに、見ごとだった。

深林の中の下り道は少しずつまがって下って行った。道が平らになった。右下に流れの川音がきこえてきた。札掛《ふだかけ》部落のある谷筋へ下りついたのであった。わたしの古い地図では、谷川を渡らずに札掛部落へ行く記号の道だが、実際には道はぽつんとそこで切れており、川原へ向かって岸をずり落ちるようになった踏みあとがあった。

向こうへ渡る橋があるわけでもなく、流れの水の量は少ないけれど、渡るに都合のいい場所はなかなか見当らなかった。向う岸一帯は檜だか杉だか忘れたが植林したものがよく育って、深林になっていて、なにか、深々とした静かな渓流であった。

次男が、石さがしをして川原をあっちこっち歩いた。わたしたちが、山道から川原にずり落ちた場所よりずっと下の方に、向こうに渡れる場所を見つけてきた。そこへ行ってみると、流れの中に飛び出た岩が続いていて、一本の木が渡してあった。

長男や次男は、いともやすやすと一本の木の上を渡り、飛び石伝いに向こうの川原に渡った。女房や長女や次女の女どもになると、そう簡単に身軽く渡れるものでない。三人とも、大げさにひんがら声を出して、大騒ぎしてやっと渡った。

川原に沿うた岩岸には、たくさんダイモンジ草が咲いていた。川原を流れに沿うて上流へ歩くと、植林した林の中へ道が通じていた。ゆるい登り道が何度かまがって、ぱっと明るいところへ出た。トラックのタイヤの跡が、深くめりこんだ林道だった。道の両側は、長いクマザサが繁っていた。そこで、皆んなは腰を下ろして休んだ。谷底のような場所で、曇った空だけしか眺められなかった。

ひと休みして、皆んな立ち上った。長男が、すたすたと林道を下流へ向かって歩いて行った。

わたしは、ははあん、長男は行手勘違いしているなと、すぐ気がついて、外の者には手振りで、長男の歩いて行く方へは行くなと止めた。そして、わたしも、何んもいわずに長男の行く手を見つめた。だれも自分の後についてこないものだから、長男は、振り返って早くこいよとよびかけてきた。そこで、はじめて、お前どこへ行くのだよ、と笑いかけて声をかけた。

ヤビツ峠がこの川の上流か下流か、地図を見なかったのかなと、長男に向かってこの辺の地勢説明をしてやった。なかなか地図と実地がのみ込みにくいようだったが、それでも、なっとくしにくい顔付をして親のわたしについて、ヤビツ峠の方角へ向かって、林道を歩きはじめた。

この辺を歩くのは、わたしも始めてのことだけれど、そこはそれ、地図の上ではこれまでも何度も歩く計画をして調べていたものだから、おおよその見当がつくというものだった。林道は川の右岸を登っているし、札掛の部落の家か、または山林関係の事務所だか知らんが、川向こうに何軒も並んで建っていた。なおも進むと、道端や、道上にも建っていた。なかには、都会風な建物もあった。一般住宅でも、文化住宅的なのがあって、これには、ちょっと驚いた。

住居などというものは、住み具合さえよければいいというものでもないらしく、この山深いところにまで、新しい形式の住宅が建って行く、それに驚くようでは、わたしもやはり明治生まれの人間かなと考えた。

橋を渡らずに、まっすぐ進む方の山の上には、学校や、事務所らしい建物が建っていた。とくに赤瓦の屋根が、山の中では不似合いなものに目立った。そのうしろに、新緑の山がひときわ鮮やかに切り立ったようにそびえていた。

ヤビツ峠への橋を渡ろうとしたときだった。橋の元の道上の庭に立っていた若い女の人から、突然声をかけられた。その家に急な用事ができ、それを知らすため、秦野《はだの》の局から電報打ってもらいたいがということだった。秦野の町は、局がどこやら不案内だったけれど、小田急の秦野駅でも、電報を取扱うだろうぐらいに考えて、いとも簡単にその頼みを引きうけた。

山の中の部落に、赤屋根の文化住宅が建ち、道路端にある雑貨の店には、都会なみのものを並べて売っておるという便利さではあるが、そこはやはりまことに不便で考えただけでも気の毒なほどに、文化からはほど遠い生活が満ちているのだなと思った。

木材や、山に住む人の生活物資を運ぶトラックが通うだけの林道は、石ころ道で、ひどく歩きにくかった。川を右に見て、道は少しずつ登った。さきほど渡った橋の上の方は、塔ノ岳の方角から流れ出た川とヤビツ峠の方角から流れ出た川との出合になっていて、広々とした川原になっていた。自分たちの歩く道下に事務所みたいな家が建っていた。その広い川原はキャンプの指定地でもあるらしく、そんな意味を書いた立て札が建っていた。川原の上の方の山には、あっちこっちに、新しい建物が目立った。丹沢山塊の中心地を思わすものがあった。

道が、一曲り、二曲りして高さを増した。そこは、杉や檜の植林地帯だった。わたしたちは、そこで、ひと休みした。

物見峠を越えた人らはかなりおおぜいいたのに、その人らの足が早くて、もうすでに、先へ行ったものか、札掛の谷合の林道を歩いても一人も見かけなかった。そんなことをみんなと話しているときだった。三人連れの若い人らが、軽いリュック姿で登ってきた。

わたしたちの方では、その三人連れの若い人に見覚えがあった。それは、物見峠を下った川原で、弁当を食っているとき、わたしたちの後から下ってきて、川原でカメラを振りまわしていた人で、その三人の若い人らは、わたしたちよりずっと早く、川原を出発した人らだった。どこで、その三人の若い人らを、わたしたちは追い越して、先に歩くことになったものだろうかと不思議に思った。

三人の若い人らがいうことには、一の沢峠を下って川を渡ると、そのまま下流へ向かってどんどん歩いたというのである。あそこが、そんなに判断に迷うような場所では決してないのに、この三人の若い人らはと、おかしく思って、長男がどんな顔をしているかと、ふり返ってみると、なんとなくにやにやしていた。

地図を頭の中にたたみこんでおけば、目をつぶっていても、当然にヤビツ峠は上流だとわかるはず。長男のとった態度にも、山を歩かせる不安があったが、三人の若い人らも、頼りないものだと思った。

諸戸《もろと》植林事務所と地図にある。この家だろうかと思う家があった。裕福な農家という風格ある建物で、家の周囲も、よく手入が行きとどき、しっとりとした落ちつきがあった。

林道が右に大きく曲るあたりは、ちょっとした平地になっていて近代風な粗末な家が建ち並んでいた。そのとっつきの茶店で、わたしたちは、ひと休みした。奥の座敷では、大声で話し合っている客の声がした。茶店の前に乗り捨ててある小型トラックは、その人たちが里の方から一日の遊びに乗ってきたトラックだろうかと思った。

わたしたちは茶店の横から近道して、ヤビツ峠へ向かった。林道は、平地のへりを、ひとめぐりしてヤビツ峠へ登っていた。以前といっても、十年も前に、このへんにきたことがある。そのころは、一軒の家もなかった。そのときは、林道をひとめぐりして登ったものだ。そんなことを家族の者に話しながら、近道の坂を登った。

坂道は赤土がしめっていてよくすべった。林の中に、たった一本クマガイ草が葉だけ広げかけていた。まだ、ありはせんかと見まわしたが、それ一本だけだった。

午後になって、天気が悪くなっていたが、とうとう、近道の坂を登って林道へ出たら、雨になった。ヤビツ峠あたりまできて、このへんまで足をのばした人が、何人もの若い男の人、はでなジャケツをきた娘さんらが、雨足に追いまくられるように、ヤビツ峠へ向かって急いでいた。

ヤビツ峠も以前きたときの面影はなかった。立派な山小屋が建ち、バスの終点には小さな茶店ができていた。子供ら四人はそこで、ラムネを一本ずつ飲んだ。雨は、ますますひどくなった。

老スキーヤー　1955年

スキー宿の夢

バスの効用について

ずいぶん以前のことだが、できもしないくせに、もらい物の古いスキーをかついで、わたしは、あるスキーの講習会に参会したことがある。わたしとしては、講習を受けて、うまく滑れるようになるなどという、大それた考えなどは、まったく、みじんもなかった。ただなんとなく、スキー場のふんいきの中にはいりたかったのである。

古物のスキーをかついでおると、人はわたしを買いかぶって、いつまでも古物のスキーを使っている、どこか奥ゆかしい人、と思わぬまでも、この老人一寸《ちょっと》滑るんじゃないかと思うらしい。列車の中でも、バスの中でも、となり合わせに坐ったスキー客、どうも同じスキーの講習会へ行く人らしいが、なにかと、スキー話を仕向けてきたものだが、わたしは、スキーについては何一つ知っておるわけでなく、はじめから、スキーは駄目だといい張っても、相手はほんとうにしなかった。なんだ、かんだと話しかけてきた。しかたなく、相づち打とうものなら、話が、とんちんかんになってしまう。相手は、わたしの顔をぬすみ見た。どうも、この人スキーができないのが本当らしいと、気がついた様子の顔であった。

バスの中では、若い娘さんと一緒の席だった。娘さんも、わたしに、よっぽどスキーはうまいんでしょなどと、お世辞をいってくれた。

バスの席は二人がけだけれど、大変にきゅうくつなものだ。ことに、若い娘さんの太り盛りの身体は、一寸あっとうされそうなもので、その身体が、バスの動揺のたびに、ことさらのように、ゆれ動いて、わたしの身体にぶつかった。

娘さんは、いっこうに平気なもので、次々と話しかけてくるのだが、どうしたものか、わたしは、なんとなく、気持の動揺がはげしくて、うわの空で、娘さんの話しかけをきいていて、ここでもまたとんちんかんな返事ばかりした。

わたしは、東京にながいこと、住みついておりながら、いっこうにあか抜けしない。いまだに田吾作同様の感覚らしい。都会の若い娘さんに、親しく話しかけられたりしても、どぎまぎするばかりで、ろくな受け答えなどできるものではない。こ

とにバスの動揺で、若い娘さんの、ボリュームのある身体で、散々に動揺をうけていたわたしとしては、しどろもどろ、とんちんかんの返答ばかりしたのも無理なかったことである。

娘さんにしてみれば、おじいさんと孫ほどの違いの年かっこうだから、なんのこだわりもなく話しかけてくるだろう。年はとっても、どうも男というものは、変なことにこだわるもんだなと、わたしは、一寸顔が、あつぼったい気がした。

娘さんも、わたしの行く講習会のスキー場かと思っていたら、わたしの行くところからまだ先の別の会場のようだった。そんなふうだから、わたしがバスを下りても、娘さんの姿は、どこにも見えなかった。

こたつの効用について

暖房のきいていたバスから一歩下りたとたんに、顔の皮がぴりっとする寒さで、鼻の穴がつんとした。鼻の穴にうす氷が張ったようだった。胴ぶるいがきて、とめようとして力んでも止まらなかった。見上げると、遠くの山も近くの山も白一面で、村の路はこちこちに凍っていた。もう娘さんのことどころでなかった。

村には、特に宿屋というものはないらしくて、スキーの季節だけ、農家が安直なスキー宿にかわる仕組で、大ぜいのスキーの講習生は、それぞれの農家へ振り分けられて、泊まるのである。

わたしが泊まることになった農家は、講習会の本部だというので、本部の役員や、講師が一足さきに着いたと見えて、広い寒々とした土間から見通せる、はるか向こうの奥座敷で、こたつにはいって、いい気持そうに、笑い話で暖まっていた。

わたしたち講習生の暖まらしてもらうこたつは、土間を上ったすぐの広い一室であった。こたつにはいっていても、足だけがぬくもって、背中はとても寒かった。土間から吹き上げる風が、背中へまともに吹きつけたようである。

正月の休みのみじかい期間だけれど、そのみじかい期間、どっとやってくるスキー客を泊めるためにか家を建て増して、裏庭へはみ出た一室などもあった。

昼飯は、盛り切りのどんぶり飯のかんたんなものだった。講習会費も、馬鹿に安いものだと思っていたが、宿といい、食事といい、なるほどと思った。これから何日かを、この生活かと思うと、わたしは、わびしくてたまらなかった。

前にも書いたように、わたしは、講習を受けて、上手に滑れるようになろうなどとは思わないで、わたしの場合は、宿とか、スキー場のふんいきが、重大な問題だったのであるが、講習生の皆んなは、宿などは問題にしていなかった。スキーのことで、頭がいっぱいで、どんな物が食事に出ようが、どんな部屋へ泊められようが、いっこうに気にならないで、ひと時でも早く飛び出して、スキー場へ行きたいと胸はずませて、むずむずしているのではないかと思われた。

講習生の皆んなは、三日でも四日でも、雪国の農家で生活できて、農家式の食事や、食器など、また、土間だとか、すすけた丸出しに見える天井など、めずらしくてたまらんというふうでもあった。

わたしなどは、雪国ではないけれど、大きな島のへき地の山の中の、土百姓の小せがれに生まれたのだから、生まれながらにして農家の凡て《すべ》が、身体全体にくっついているようなものだから、とりたてて、農家の生活が物めずらしいとは思えなかった。都会の人が地方色を物めずらしがったりする一面には、げて趣味のいか物食い的な潜在意識が、あるかもしれんとわたしは考えたりした。

何人かの娘さんや年輩の女の人や、とても仲むつまじい若い夫婦連れや、スキーずれした若い男など、講習生は、さまざまな人であった。スキーずれした若い男にしても、娘さんにしても、正月の休みの息ぬきで、開放感で胸がいっぱいとでもいうのか、とても自由で、のびのびとしたあかるさがあったものの、少々気取り屋もまざっておって、どうもそんなのは、きざで不愉快なものだった。

わたしはスキー場などへやってくるのは生まれてはじめて、スキーの宿など思って見たこともないありさまだから、ただ、これはこれと眺めておるだけ、おどおどして小さくなっているよりほか仕方なかった。

セッケンの効用について

講習会の本部の人が出てきて、セッケンを渡すから取りにこいといった。わたしは雪山へきて、つめたい水と、セッケンで顔洗うこともなかろうと、不精して、こたつを動かなかった。

みんなは、てんでに本部の人のところへ行った。かえってきた人を見ると、胸と背中に大きな数字のはいった布をくっつけていた。野球の背番号みたいなもので、これは、もうすでに、わたしだって、スキー競技などの写真で見ていたもので、わたしは、本部の人が、セッケンといったのは、このことかと気がついた。いち番最後に、わたしも、もらいにのこのこと出て行った。そして、セッケン下さいといったら、セッケンなんかないですよといわれた。わたしは、ふりかえって、皆んなの方を指さし、あれを下さいといったものだ。本部の人は、すっとんきょうな顔して笑った。わたしを、スキーのまったくの素人であるか、わたしが、とぼけておるのか、その両方の判断に迷うというような、本部の人の笑顔だった。

みんなは、背番号をつけて、午後から、村の奥のスキー場へぞろぞろと出かけた。あっちの農家、こっちの農家から、出てきた講習生は、こんなにもいたのかと思うほど大ぜいだった。

赤や、黄や、黒と、色とりどりのスキー服やスキー帽、男も女も、色合いは美しくはでなものだった。その行列が田んぼの中の雪道を、しずしずと進んで行くのは、とてもきれいな見ものだった。わたしは、ついに背番号がもらえなくて、背番号なしで、のろのろと後からついて行った。

その日は、開会式のあと、Aクラス、Bクラス、Cクラスと、分けられて、それぞれの講師のもとにせいぞろいした。Aクラスや、Bクラスが、どんなことをしたかわからんが、Cクラスでは、講習生を並べておいて、まず足にスキーを付けることを教えた。わたしも教えられるとおりに、スキーを足に付けた。両足に付けおわって、ひょいと、腰を伸ばした。伸ばしたとたんに、わたしは、後へ引っくりかえった。わたしは、自分でおかしくてたまらんのに、笑い顔になれなかった。Cクラスの人たちは、他人事に気のつく心の余裕などありそうになかった。だれもが、わたしと、にたりよったりのスキーのように見えた。ただわたしが、だれよりも、不器用であるかもしれんということだった。

講習会で、簡単なこと習っただけで、わたしは、汗ぐっしょりかいた。雪道を下るのに、とても肌が冷たくて、ぞくぞくした。宿には、そまつな風呂場があった。大ぜいの人と、スキーずれした人たちは、要領よくさっさとお湯にもはいるが、なにしろ、わたしははじめてのことだし、場なれがしていないので、順番を持つのに、ふるえながらたいくつした。

老人の効用について

わたしの寝る部屋は、建増しをした部屋で、ま新しい部屋であった。窓には白いレースのカーテンが引いてあった。部屋のまんなかにこたつが仕切ってあって、こたつを中心にして寝床のふとんが放射線状にしかれていた。これは、思いつきのよい寝床だと思った。

若い娘さんや、若い男たちは、別の部屋で、雑談に笑いこけているのか、はでな声がにぎやかにきこえてきた。

わたしは、一人寝床にはいっていて、わたしの外のいくつかの寝床へは、一体だれがくるだろう、若い娘さんたちだろうか、若い男たちだろうか、それとも夫婦者らであろうかと、妄想をたくましくするよりほか、しようのないことになった。しかし昼間の疲れもあり、ぽかぽかと足先の暖かいこたつのおかげもあって、いつのまにか眠ってしまった。

胸がときめくような、妖艶な空気のただようような、おかしな夢を見た。やんわりと物が落ちるような音に、はっと目が覚めた。

さて、おかしな夢をみたものだ、おかしな物音をきいたものだと、首を持ち上げても、真の闇で、なにも見えない。空気をうかがっても、大ぜいの人の寝息が、すうすうときこえてくるばかりであった。

わたしは、自分が変な妄想をたくましくしそうになったのに、はっと気がついた。きっと、わたしの顔が赤くなったにちがいない。老体でも、まだ赤い血が身体全体を、かけめぐっているなと思った。

朝になってみると、寝床は一人ひとり別々であるが、前の日夫婦者だろうかと、にらんでいた男と女が同じ方向へ枕を並べて、すやすやと眠りこけていた。もう二つほどの寝床も、夫婦者らしかった。

わたしは起き上りながら、そのありあさまを眺めて、ははあんと、胸にこたえるものがあって、昨夜の妖艶な空気の夢も、とけたような気がした。顔がほてり気味だった。

宿の人らが、気をきかせて、若い夫婦者だから、老人のわたしと一緒に部屋にしたのか、夫婦者が、希望したのか、一寸判断はつかなかったが、老人だなどとあつかわれては、わたしは迷惑至極だと思った。講習会が終るまで、毎夜のように、妖艶な空気の夢をみせられては、たまらんことだとわたしは考えた。

スキー場にはスキー小屋があった。その夜からは、スキー小屋へ泊めてもらおうかと、朝の出がけに、必要なものだけを、小さな包みにして、宿を出た。

115　　ストーブの前　1954年

蘭さがし

印象的な寒ラン

四国の島も南の端、愛媛県と、高知県の県境に、篠山《ささやま》がある。標高が一〇六四・七メートルというのだから、中央の山にくらべたら、赤ん坊みたいな山なんだろうけれど、その地方の人々からは、昔は信仰の山、戦後はもっぱら遊びの山として人気のある山になっている。

頂上には篠山神社の社殿がある。二〇〇メートルほど下の南に面した崖っぷちには、社務所がある。登山する人らには、その社務所が、宿になるのである。神仏混淆《しんぶつこんこう》のかつての昔は、頂上が篠山権現で、現在の社務所になっている場所が、別当寺《べっとうじ》だったのであろう。いまも、裏山道に、左寺みちと刻まれた道標が、苔むして、雑草の中にぽつんと、そのまま残っている。それを見て、さぞかし、当時は、栄えたものだろうにと、偲ばれもする。

ラン科植物で、海に近い暖かい土地の山の中にだけ自生するという寒ランが、篠山を中心にして、高知県の山に発見されたということを、何かの本で読んだものだ。どうした風の吹きまわしだったか忘れたけれど、その頃、何んとなく、ラン科植物に凝っていたころだったからたまらない。篠山目がけて飛んで行ったものだ。

それは、戦前もずっと前のことだった。戦後になってからも、篠山へは何度も登っているが、いつも、ランさがしに関係して登った。

篠山へ登るには、さきごろ、獅子文六先生著になる小説「大番」で一躍世間に地名を知られた宇和島市から、山を越えて、これもまた獅子文六先生の小説で、天下をわかし、地元の旦那衆を上を下へとどぎまぎさせた「てんやわんや」で有名になった岩松町、いまは町村合併して津島町と名乗っているが、その津島町を通り、また何度か山を越え、また断崖絶壁の海沿いの道路を、乗り物に弱い人はへどを吐き、元気な人でも、車の窓から見下すすさまじい絶壁に、まったく肝を冷やすありさまのバスにゆられ、急行便でも二時間半の御荘《みしょう》町へ、まず着く順序である。

そのまま乗りつづければ、御荘町の次の町城辺《じょうへん》町で、直通バスでなかったら、そこで乗りかえだ。城辺町からは、山また山を、また山村をくぐりぬけ、太平洋と

の分水嶺を越えると、道路は、高知県宿毛《すくも》市へ向かって、まがりくねった山合である。

篠山から流れ出た川が県境で、県境を越える橋の手前が、篠山登山口のバス停留所。川に沿って歩くのである。最近は、登山口から篠山の直下、最奥の部落までも、バスが通じておるそうだ。

県境の橋を渡ると、橋の元に、高知県の方の駐在所がある。何年か前、愛媛新聞社のジープに乗せてもらって、松山から高知県の宿毛まで走ったことがある。そのときは、もちろん篠山へは登れる時間もなかったが、県境の橋でジープを止め一服した。駐在所の事務机の上に寒ランの鉢が一つ置いてあったのが、印象的であった。

陸の孤島

話が、少し横ぞれしたが、現在は便利になっているこの地方の交通も、最初にわたしが行ったころは、バスを利用するより、宇和島から、時間は少々かかりすぎたが、沿岸航路の小型船を利用する人が多かった。こん日ほど、時間的にあくせくしなかったものだろうか。

わたしは、生活的には、どうも思わしくない時代だったし、時間など問題にせんのだったから、人にいわれるまま、漁村の港々へ、いちいちよりみちする小型船で気ながに、まだ見ぬ知人が住んでいる御荘の町へまず行った。それは、御荘の町の人たちは、どういうものか物を楽しむ人が多いときいていたので、寒ランなど持っている人らもあるだろう、その人らに、寒ランの自生している場所をきき出して、篠山へ登るつもりだったのである。

ながい時代、御荘は、交通不便、陸の孤島といわれるありさまに、ならされてきた土地柄だけに、なんというのか、土地独得の風格が、物にも、人にも感ぜられるものがあった。

そうした土地だから、すぐに町の人ともなじんでしまって、ずるずるべったりとその後一年あまりも、町の人の好意にあまえて、居候してしまったのである。

町の人からは、ランの好みはうすらいで、松の小物の盆栽作りが町中に広がっているありさまだった。しかし、何々医院の老先生だとか、何代も続く、旧庄屋の老主人などは、どうにか枯らさない程度で、寒ランを持ちつづけていた。

わたしは、その人たちに寒ランの有り場所をきき出そうとしたが、きいて見ると、何年か前に、高知県から、この地方に、寒ランが大流行したことがあったそうだ。当時、農家の人らは、山から取ってきたままの寒ランを、もっこに入れて、かついで売りにきて、二束三文で売りさばいた。町の人らが、自分から山へはいって、寒ランを取ってきたものがないから、どのへんに寒ランがあるやら、わからんということだった。しかし、町の人で、寒ランを知っておるほどの者なら誰もが、篠山あたりや、高知県の方から売りにきたから、その方面の山だろうかということでは、誰の話も辻つまが合ったものだ。

わたしは、寒ランのあり場所、それだけきけば、草の根分けても寒ランをさがして見せると、わたし一人で、篠山目ざして登ったものだ。しかし、篠山へ登って社務所の人にきいたものだが、社務所の人ら、寒ランなど、雑草ぐらいに思っていたのか、興味なさそうに、寒ランのことは知っていても、あり場所はわからんというありさまだった。

当時、高知県は、土佐寒ランといって、その方のお役所が、寒ランの採集を禁じて、保護していたのだそうであるが、それは空念仏で、見付け取りしていたものだ。

御荘の町へ帰ったら町の人ら、素人に寒ランさがしができるものかと、笑いものの種になるあんばいだった。

二度目の寒ランさがしは、篠山の周囲の山をぐるりとひとまわりした。このときは、東京から、天幕を取りよせて、食糧をかついで歩いた。ぐるりと、ひとまわりして、高知県側の楠山部落から、椎の木の原始林の中くぐって、篠山頂上へ登った。この二回目のときは、寒ランのありそうな、地形や、森林のことなどの知恵が、いくらかできておった。小さい株を、すでに途中で見つけていたので、意気揚々としたものだった。椎の木の原始林の中でも少しばかり寒ランを見つけた。

社務所の娘

篠山の頂上の北側は、小型のクマザサの急な斜面で、その下の方が、クマザサの平地になっている。わたしはそのクマザサの平地へ天幕を張った。そこへでんと居をかまえて、何日かかってもかまわん、寒ランをさがすつもりだった。

頂上の東側は、断崖になっていて、その断崖の下に、少しではあるが、清水もぽちょぽちょとしたたり落ちていた。しかし、飯をつくる一回分の水を溜めるには、かなりの時間がかかるので、その水を使うのは、あきらめた。

頂上の篠山神社へ登る石段のそばは、頂上の南側にある社務所へ下る小さな乗り越しである。二百メートルも下るだろうか、わたしは社務所へ水をもらいに行った。一回目に登ったときに出てきて、けんもほろろなあいさつをした娘さんに、おじけづき、早々に山を下った思いが胸にしみこんでいたから、あの時の娘さんに出てこられては、水もらいの気持にひるみがくるがと思案したものだ。しかし出てきたのは、やはり先日の娘さんだった。

わたしは、おそるおそる、水もらいのあいさつをすると、こはまたなんとしたことか、先日の仕打ちと打ってかわって、わたしの垢まみれの顔眺めて、娘さんにこやかな顔をした。

わたしが先日山を下りてから、わたしという人間が、町の人から耳には入っていたもののようで、娘さんは、頂上のあんな淋しい所へ一人で野宿せんでも、社務所へ泊まったらよかろうにというのだった。

昔から頂上は、いろいろな伝えがあって、いまでも、頂上のほんの少しの水溜りへ水飲みに、毎晩白い馬が現われるとか、真夜中になると、山鳴りと共に、森の中から、白髪の老母が出てきて、糸車をきいきいひき鳴らすといって、わたしを、おどしつけたものだ。その話、娘さんも本気でわたしにいっているとは思わんが、かわったことをいう娘さんに、わたしは少しあきれもした。

わたしは、天幕はそのままにして、社務所の人たちのいうがままに、好意にあまえて、ひと晩社務所へ泊まった。娘さんは社務所の神官の娘さんだった。山上で、俗界にわずらわされず生活できて、よいかというと、そうでもないらしかった。冬がくれば、雪にとじこめられてうごきがとれぬそうだ。春さきに青い麦、黄色い菜種の花が、里に見おろせる頃になると、人里恋しく溜息つくばかりだそうである。

ことに年中霧にまかれていて、着物も身体も湿っけてしまい、身体によくないなど、神官の愚痴語りであった。

凄艶な形相

ひる間は、歩きまわった。篠山も、頂上近くには、寒ランがないことがわかった。

自生しているのは、篠山自体の山麓一帯であることがわかった。夜になると、天幕の中へローソクを灯した。その明りで、古木の枯木を利用して、持ってきていた彫刻刀で、大きなサジや、小さなサジを、南方土人の作った器物のまねで、たくさん作って一人楽しんだ。

わたしが天幕の中で、もさもさしているところへ、社務所の娘さんから声をかけられてびっくりした。わたしが、天幕の中で、もさもさしていたのは、持ってきていた、さつま揚げの缶詰をそのまま食ったのがいけなかったのか、山の中、ほっつき歩いて、ヤマウルシかなにかで、かぶれたのか、わからんのだったが、身体中かぶれてしまい、顔などはれ上って、おそらく二た目と見られない風態だったのだろう。しかも身体中をぽりぽりかきむしっていたのである。

わたしは、天幕からあいさつに顔出しした。顔出したとたん、わたしは、ぎくっとした。娘さんは、小声で何か知らわめいた。娘さんは、これはまた何んとしたことか、いくらか乱髪して、草刈鎌をしかとにぎっていた。いま考えると、少し大げさだが、その形相にはえたいの知れぬ凄艶《せいえん》さがあって、この凄艶さが社務所の娘さんとは思わせず、娘さんが語った、老母の出現の錯覚に、ぎょっとしたのであった。

娘さんが語ったところによると、町の女学校の生徒だったころ日曜ごと、山の上に帰る山歩きの一人のとき、いつも、肥後守《ひごのかみ》を護身用に、しっかりにぎりしめて歩いたものだったそうだ。わたしに対しては、不気味に光る草刈鎌が、それは、山の中での身を守る娘さんにとっての護身用の刃物であったというわけで、わたしは、なんとなく、娘さんの仕打ちに、腹の中では、おさまらない気持にむくれたものだ。

しかし、それにもまして、娘さんは、わたしの顔を見て、いっぺんに全身の血が引く思いをするかっこうで、天幕のそばへも近よりかね、あいさつもそこそこに退散して行った。わたしの顔のはれゆがみもよほどひどかったらしい。

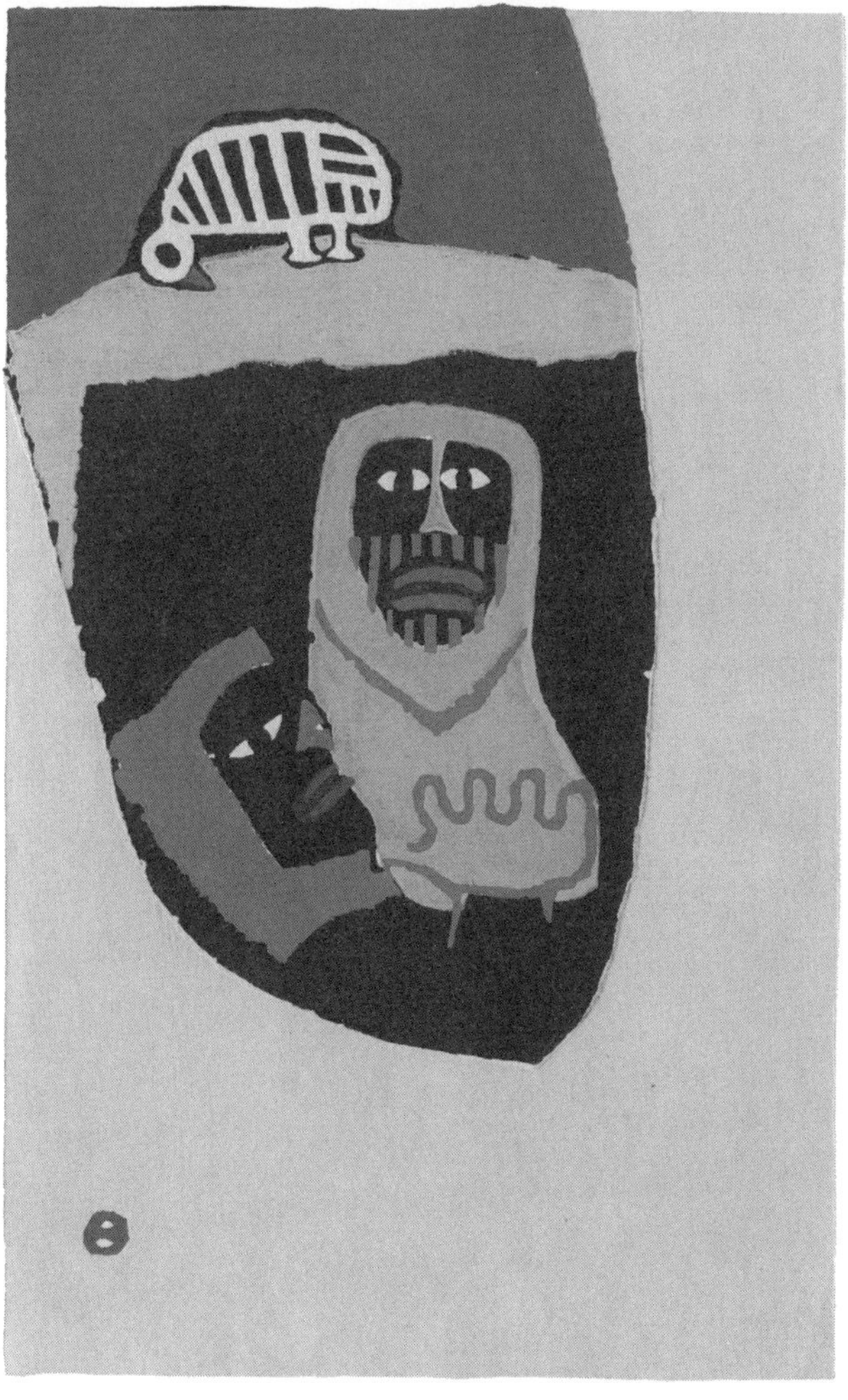

127　　冬の山　1969年

南アルプスの記

雪の仙丈岳

一

バスは戸台《とだい》へ着いた。下流の部落、部落の停留所で乗りこんだ男の人も女の人も、ほとんどが、山働きの人々で、のこぎりや、なたを大事そうに持って、みんなバスから下りた。

バスの始発の、きたいなの駅からわたしたちと一緒に乗った若い娘さんと、小さい女の子を連れた若い男、親子らしい二人、わたしら一行と、その人たちが、一番後からバスを下りたようだ。

下りて見ると、山働きの人々は足が早いとみえて、八方に散ったのか誰一人見当らなかった。若い娘さんは、上流へ向かって歩いて行った。その態度や風采からして、どうも学校の先生じゃないかと思った。

いよいよ歩くことの第一歩が戸台からはじまった。バスの停留所のそばから、真下の川原へ向かって、急な坂道を下った。そこだけが広い川原になっていた。川原の中ほどを少ない水が流れていた。川の向こうは堤防の工事中であった。川の手前の下手に少しばかりの土地をひろげて、二階家の建物がたちかかっていた。赤いセメント瓦や、板壁などから、新たに建つ学校だろうかと思った。

水の少ない川に架かる仮の板橋を渡ると、新しい堤防の上に出る。堤防の上が道になっていて、山のすそに二、三軒の人家があった、その一軒は、何んでも屋の雑貨の店であって、朝だというのに、もう何人かの人が店に集まっていた。よく見ると、堤防の工事は下流へ向かって続けられておって、大ぜいの人がむっつりした顔で働いていた。雑貨の店に集まっている人たちも、堤防工事に関係のある人らしかった。

川原からすぐに道は登りになった。わたしたち一行は四人であった。FさんとKさんは三菱鉱業の山岳部の人、TさんはF印刷会社の人、Fさんとはもうすでに何度も一しょに山へ行っているので、Fさんの足の調子は充分にわたしにわかっているが、KさんとTさんは、山はなかなか達者な人らときいていた。こんどの山行きは、この三人の人らが、行こうや、行こうやと、無理遣りに老体のわたしを引きずってきたありさまであった。

Fさんの山仲間で、Fさんと同じ三菱鉱業のMさんが、わたし達のために、一月の半ば頃に露払いをしてくれていた。Fさんや、Kさんや、Tさんなら、一月だろうが、二月だろうが、心配ないが、わたしが行くとなると、三月が一番安心して登れると、露払いしてくれたMさんの判定だったのである。

昨夜新宿駅を出発するときは、FさんやKさんが属している山旅会の娘さんや、若い人たちが見送りにきた。はなやかな山行の見送りに、わたしはまだ出あったことがない。いいものだなと、しみじみ思ったものだ。

もっと、しみじみと、いいなあと思ったのは、Tさんへの見送りだった。Tさんは新婚ほやほやなんだそうである。新妻H子さんが見送りにきた。ホームのH子さん、列車の窓のTさん、顔を見合わしたまま手を握り、握りかえして、人前もはばからず、うるんだささやきのやりとりであった。さていよいよ出発となると、Tさ

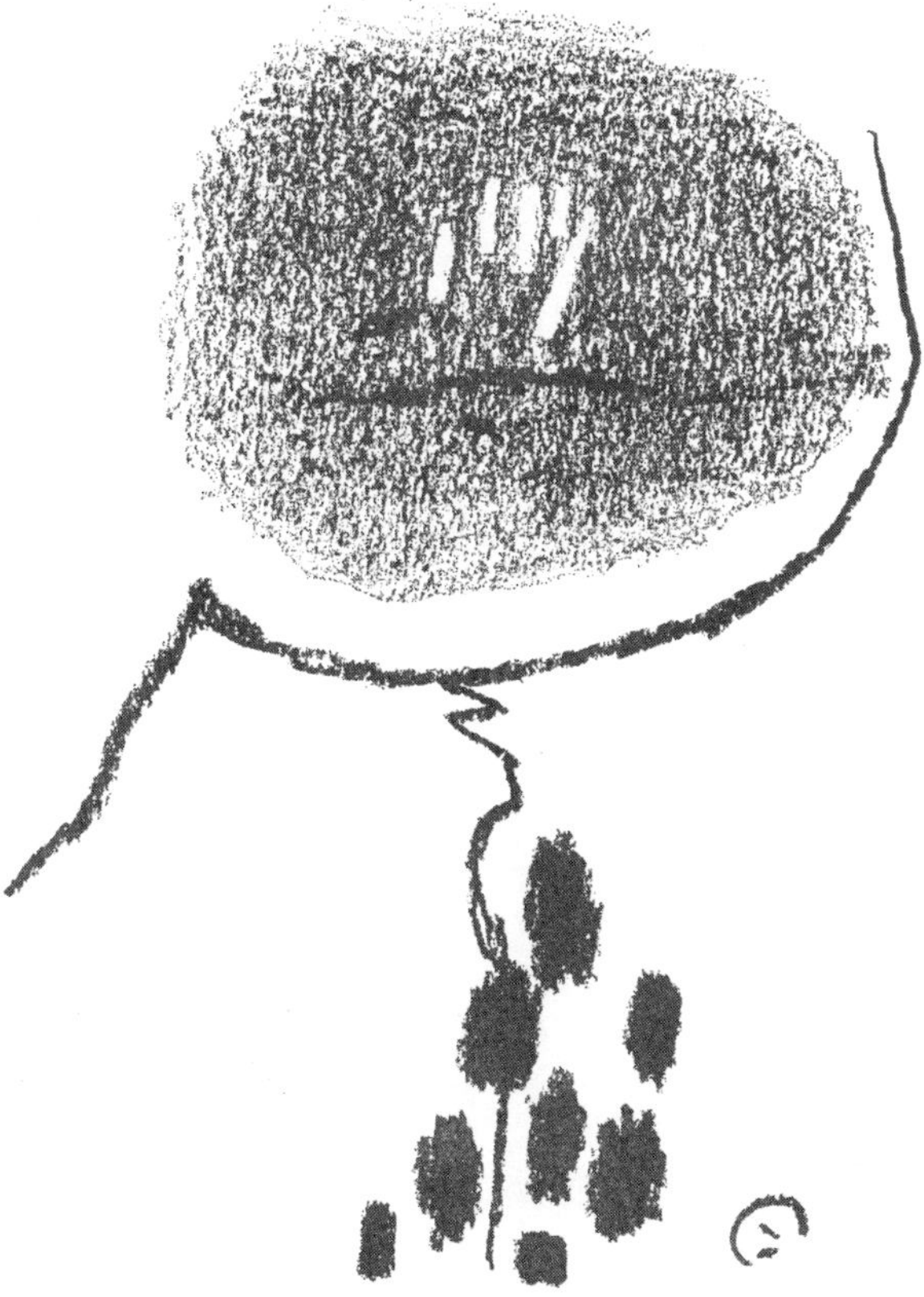

んがFさんとKさんに向かって、向こうむいてくれといった。なにかしらんが、わたしも見てはいけないだろうと、両手で顔をふさぐ身ぶりをした。

さきほどからの、うるんだ声のささやき、その上見ないでくれというからには、Tさんと新妻H子さんは、なにかたくらんでおるにちがいないと思った。もういいかなと、指のすきまから一寸《ちょっと》のぞくと、顔と顔が合っているようにわたしには見えた。わたしは、一寸胸がときめいた。

FさんやKさんに、向こうむいてくれといっても、ホームの人らも、列車の内の人らも見ておるのにと思うと、おかしくもあった。昨夜のそうしたお色気のある出発をしたわたしたちの雪山登山が、どうか無事でありますようにと、心の内に念じながら、もう息切れのする坂道を登った。

学童がすたすたと二人、足早に下ってきた。坂道の上にまだ、人家があるのかなと思った。学童は、すれちがうとき、一人、一人にていねいなおじぎをして、坂道を駆け下りた。なんとまあしつけのいい子供らだなと思って、ふり返って見ると、二人の学童も、わたしらをふり返って見ておった。南アルプスの山の子供らは、まだ登山者にすれていないのかなと思った。それとも、南アルプスへはいる登山者たちの質が、いいのかなとも思った。

わたしたちが登っている坂道を登りつめると、そこに人家があって、山の人たちの宿もしているふうな建物があって、そこから道は下っていた。

わたしたちの歩いているところをいうと、さきほど仮橋を渡った小黒川と、仙丈岳と駒ガ岳の水を合わして流れ出す戸台川が合流する地点に細長くつき出た地勢を越えたことになる。宿もするらしい家の近くにまた一軒あった。粗末な家だが、のき下にオートバイが一台おいてあった。うす暗い家のなかのいろりに火が燃えていて人影がした。山仕事にまだ出かけないのかなと思った。

戸台川は、一面の川原になっていた。昨年の台風で、赤河原方向から流れ出た膨大な岩石が、川床を埋めてしまったということである。川床は、はるかの地底に沈んでしまったのであるそうな。

土砂で埋まるまでは、登山路は、戸台川の川岸を歩いたものだそうであるが、わたしたちは、大きな岩や、小さな石のごろごろした川原を、ごつごつした足どりで歩いた。そうした川原でも、人の歩くところは、決まっておって、なんとなく、川原の道順がわかるようであった。

見わたすかぎり川原で、広ばくとした川原は、上流へとつづいていた。その行きどまりに、雪の山が見えはじめた。上流から吹いてくる風が、真冬の風のように冷たかった。

わたしは、雪山へ登るんだなと、冷たい風に吹かれながらはっきりと思った。切りたったような両岸の山は、冬のままの姿で灌木帯であった。ところどころに、黄色がかった色合が灌木にまざっていた。花だろうかと思った。どの花よりも、さきがけて咲く花で、黄色い花がなんであるか知らないわたしは、Fさんにきいてみたが、Fさんも知らなかった。

大きな岩がつき出た山のはなをまがると、向こうの岸の上に人家が見えた。Fさんが、丹渓荘の主人の下屋敷だろうといった。

向こうから人影が近づいた。広い川原の岩の色にまぎれて、その人影は、なんとなく目立たなかった。それが、丹渓荘の主人であった。

二

丹沢山荘を手伝っているという青年が、わたしたちを、途中まで迎えにきてくれた。青年はFさんの重いリュックを受けとると、軽々と自分の背中にせおい上げた。絵をかく七ツ道具がFさんにはあるので、Fさんのリュックは、はち切れそうにふくらみ、その上両方の手にも、道具をかかえていたので、その後姿は、いたいたしいほどであった。

河原の上の人がふみあらしたあとはそれとわかった。そこを歩いたが、ごつごつして、山靴がこねくって、歩きにくかった。

広い川原の左よりを進んだ。川原へおっかぶさるように、大きな岩が出ていた。大きな岩の下に以前の道があったらしいが、誰も通る者がいないらしい、荒れていた。

川原の両方の山には、青い葉の木は見あたらなかった。冬枯れのままの灌木に日が当って、明るかった。大きな岩、小さな石が、ごろごろしている川原に、日が当って、ちかちかして、まばゆかった。

大きな岩のそばと少しまわると、向こうに人が一人ぽつんと立ってこっちを見つめていた。迎えにきてくれた青年が、丹沢山荘のおやじだといった。川原が広くて、大きな岩や、小さな石が、ごろごろしていたので、その人の姿は、岩や、石へ、まぎれこんでしまいそうだった。

山岸が崩れて、土がむき出しになったその崖の上に、ぽつんと、人家が一軒建っていた。出迎えてくれた青年が、丹渓山荘のおやじの下屋敷だといった。

丹渓山荘のおやじは、おやじというには、まだ、年は若そうだったし、山小屋のおやじに似合わず、なかなかインテリ面をしていた。出迎えてくれた青年は、次の日からわたしたちを案内するのだといった。もう一人青年が案内について行くが、上の小屋から下ってきていないので、出迎えできなかったともいった。

丹渓山荘の下屋敷は、前の年の台風で崩れた崖の上にあぶなっかしく建っていた。川原から、その下屋敷へ登る道も、崩れたままのところを、登るのであった。

自分の住居への通路だのに、崖をけずって登りやすくしたらしいのにと、わたしは、崖の斜面をすべりながら登った。どこの山小屋でもそうだが、どうも山小屋というものは、小屋の周囲は、不精して取り片づけてないものだ。

丹渓山荘の下屋敷の窓から、向いの山と川原がよく眺められた。荒々しく広がる川原を眺めて、これだけの岩石を押し出してくるには、山の一つや二つは、崩れたのだろうかと思った。

　向かいの山のところどころに黄色い色が目についた。レンギョウの花の色合いだった。山桜なんかも咲きそうに思えた。灌木の生えかたや、手入れのしかたなどから想像すると、このあたりは、どうも民有地のように思えた。稜線の近くから、線を引いたように整理された山肌は、草かり場のように見えた。

　丹渓山荘のおやじも、丹渓山荘まで行くというので、案内役の青年もまじえて、同勢六人が、岩石のごろごろした歩きづらい川原をぞろりぞろりと行列して進んだ。川原の中ほどは小さな流れになっていた。大きな、ほんとうの上流からの流れは、川原の底を流れているのだろうと思った。

　どこを歩いたらいいかぐらいは、承知しておりそうなのに、丹渓山荘のおやじは、こっちだ、あっちだと、歩きよいふみなれた通路をさがした。

　寒い風が奥の方から吹き流れてきた。えん堤が、めちゃくちゃになって、見るも無残なありさまになっていた。前年の台風の物すごさが想像された。

　山の日かげに、大きな氷の滝が下っていて、青光りがしていた。その下の方が一面に凍って、そこだけが一枚の板のようになっていた。そこで、みんなは一服した。

Kさんが、氷の滝を見上げて、カメラを向けていた。

川原の右手の林のなかには、道が残っているそうだが、その道へははいらず、わたしたちはそのまま川原を進んだ。両方の山がせばまって、川原がだいぶせまくなった。せまくなった川原の奥の方に、枯木の色の目立つ林が行く手をさえぎるように繋っていた。カラマツ林で、その中に丹渓山荘が建っていて、林をすかして、ちらちらと見えるような気がした。

モミかツガか知らないけれど、そうした深林の中へ、わたしたちは川原からはいって行った。そこに昔のままの登山路が、深林のなかを登っていた。かたわらに昔製材したのだろうか、そんなふうなあとがきたなく残っていた。おがくずの上には、雑草の枯れたのや、こけがかさなって生えていた。

いままで、足のおそかった丹渓山荘のおやじは、自分の山小屋がま近くなったのか、足が早くなってさっさと先へ行ってしまった。Kさんにしても、Tさんにしても、若いだけに元気がいい。Fさんやわたしたちよりも、リュックは重そうだが足は早い。

年が若くて元気な人は、わたし達のような年よりを引っぱって行くということは、まことにしん気くさいことだろうと、わたしは気にやんだ。さいわいに、わたしよりはるかに年は若いけれど、見たところ足ばやにせかせかと歩かないFさんが、わたしの前を歩いているものだからわたしは助かった。

丹渓山荘のおやじも、Kさんも、Tさんもわたしたちの前の方には、姿は見えなくて、深林の奥の方から、もそもそと話声だけがきこえてきた。

わたしたちを次の日から案内してくれるという青年が、いち早く山小屋へ着いたものか、身軽になって、もう一人の青年を連れて迎えにきてくれた。Fさんも、残りの荷物を持ってもらい、わたしもリュックを持ってもらった。身軽になったら、Fさんも、わたしも、足が早まった。

カラマツ林のへりに丹渓山荘は建っていた。そこは、赤河原と藪沢の出合いの地点で、小屋の前には藪沢の水が流れていた。小屋の前にある高いダムは、先年の台風で、ひどくこわれていた。少ない水が、こわれたダムの上から霧のようになって落ちていた。小屋の裏手は、先年の台風で赤河原から押し出し、流れ出した岩石で埋まっていた。カラマツの見ごとな林も、根元まで、岩石で埋まっていた。大きな台風だったことがひと目見ただけで想像できた。学生らしい人達が四、五人、土間のいろりで飯の支度をしていた。

三

わたしたちと一緒に登ってくれるという青年は、きくと、大学生だった。山がすきで、夏も冬も、学校が休みになると、山へはいって、小屋番をして、山を歩いているのだそうである。学生といっても、体格のいい方の青年は、その年卒業で、すでに、東京の大きな会社へ就職がきまり、学生としての山歩きはこれが最後だから、充分たんのうするまで山小屋でがんばっておるんだと張りきっていた。

もう一人のやせ気味の青年は、大学がちがうし、もう一年学生でおれるんだが、ちょっとやそっとでは山を下ろうとするふうは見せない態度だった。二人とも、もういいかげんお湯にも入らんとみえて、耳のうしろや、首すじが垢まみれになっていて、なるほど、山ずきの青年だなと思わせるようになっていた。

自分の家でなら、おそらく親もそうさせまいし、自分もまた、手出しなどしないだろうが、丹渓山荘では、体格のいい方の青年が台所方を引き受けているものか、晩飯の支度をした。

台所があるわけでもない。丹渓山荘の前の流れで物を洗えば、丹渓山荘の主人のせまい一室の片すみにある小さなストーブになべもかまものせての、まことに不細工な仕ぐさであるが、けっこうそれが食物になるというのも、山小屋だからだなと思った。

このごろの季節の山で、よく見かける山小屋の風景では後から後からとつめかける登山者の顔が、みんなおさつの金に見えてしようがないというような顔つきをした山小屋のおやじがおるが、どうひいき目にみても、丹渓山荘も、丹渓山荘の主人も、そんなことにはまったく縁が遠そうであった。

だいたい丹渓山荘は泊まるだけで、食事はめいめいが勝手にやるたてまえだそうだ。それを、Fさんが前もって連絡しておいたものだから、食事のことは何もかも丹渓山荘の方でやってくれたのである。わたしたちは、丹渓山荘の主人とじじむさいこたつに向かいあって、はいって雑談だけしておればよかった。

その日、丹渓山荘についたのは午後もそんなにおそくはなかった。丹渓山荘の前の川向こうの峰へ登ると、とても見晴らしがよくて、鋸《のこぎり》岳が正面に見えると教えられた。Ｆさんはそうなると商売気を無やみに出して、なにがなんでも一枚、物にするんだと力みかえった。丹渓山荘のこたつのある部屋から、手のとどく近さに、その峰が眺められた。

丹渓山荘の前で、藪沢はすそになっていて、そこにえん堤ができていた。前年の風水害で丹渓山荘の建っている台地の下の方と、えん堤の下の部分がむごたらしくえぐり取られていた。丹渓山荘の建っている台地にあった落葉松の大木が、何本も根こそぎに流れたそうである。えん堤も下の方がえぐり取られているものだから、藪沢の流れ水は空中へ糸をたれたように、幾すじにもなって落ちていた。

わたしたちはあぶなっかしい足元へ気をとられて、えん堤のへりを乗りこえて川原へ出て流れの向こうへ渡った。やせ気味の青年が、先にたって、山刀でもって小枝を払いながら進んでくれた。ここもちょっと見晴らしがきくと、青年がいった。そこは、ちょうどえん堤の真上あたりになる場所で、そこに立つと片がわがえん堤の方へくずれ落ち、岩石がむき出しになった断崖の上だった。

立木をすかして真下に丹渓山荘が寒々として眺められた。向うに鋸岳のでこぼこの岩山の並びが、物すごいかっこうで眺められた。駒ガ岳、駒津岳、双児山など眺められたはずなのに眺めたおぼえがない。どうも、わたしは鋸岳の物すごさに圧倒されて、目がくらんでいたのかもしれん。

もう一段と展望のきく場所は、まだまだ上へ深林のなかを登るのだそうである。Fさんは登るんだと力んだ。これまで足達者でいさんでいたKさんもTさんも、なんとしたことか、とたんにしょんぼりしてしまって、Fさんの顔色をうかがっているようであった。もちろん、Kさんにしても Tさんにしても、気力と足に自信はありあまる元気者だが、目的は仙丈、駒にあるんで、このあたりで展望をたのしんで体力の消耗をおしむ気持の方が強かったのかもしれん。Fさんを案内して青年と二人が展望台というのに登って行った。Kさん、Tさん、わたしの三人は、なんということなく、黙りこくって、丹渓山荘へかえった。

前の年の台風のころにも、やせ気味の青年は丹渓山荘で暮らしていたのだそうである。台風のあった夜は登山者が何人も泊まっていたそうだ。夜分になって、藪沢の方からも赤河原の方からも、どっと一度に大木と岩石が流れ出し、ちょうどその出合に建つ丹渓山荘を押しつぶすようにぶつかってきたのだそうである。丹渓山荘は半分こわれた形だったが、青年がいち早くさしずして登山者を丹渓山荘の裏手のカラマツ林のなかの、高みの場所へ避難させ、ロープを張って身体の流れるのをふせいだのだそうである。ふたたび大水がきて、カラマツ林が根こそぎになり、いつ自分らも流されるかもしれんと、だれもが生きた気持はなく夜明けを待ったそうである。

やせ気味の青年は話し上手ではなさそうで、もそもそとそのときの恐ろしかったことを話してくれた。大水で丹渓山荘の風呂場も窓も窓ガラスも、すっとんでしまったらしい。いまだに、裏手の板かべはすっぽりと土砂で埋まったままであった。

裏手のカラマツ林も、見ごとなものであったそうだが、土砂や岩石で幹がかなり埋まったり、幹がきたなく傷ついたりしていた。そこは、ちょうど、少し上の方で赤河原が二股になっているその中間にある地勢で、岩石も大水も二股のところで両方へ別れて流れ出したので、カラマツ林を根こそぎ流すという被害はなかったのだそうである。

ここのカラマツ林のカラマツは、このあたりではめずらしく素性がいいのだそうである。植林用に、毎年カラマツの実を採集に登ってくると、丹渓山荘の主人が話した。わたしたちには、どんなのが素性のよいカラマツか全然わからんけれど、カラマツの林のなかを歩いて見て、どのカラマツもかなりの老木でありながら、すんなりと、のびのびと空高くのび放だいにのびていて、まことに見ごとなカラマツだなというぐらいのことしかわからなかった。すんなりとのびた高い幹の枝をすかして、上天気を思わす大空がちらちらと眺められた。明日も上天気にちがいない。

四

わたしたちが、丹渓山荘を出るとき、丹渓山荘のおやじさんが、けさ、早く娘さん一人が登って行ったといった。娘さん一人が登って行ったことに、若い元気者たちは顔見合わせて勇みたつふうがそれとなく感じとれた。老体のわたしでさえも、なんとなく山のあかるさを感じた。おかしなことである。

丹渓山荘の前の藪沢の川原を、少し進んだところにつき出た大きな岩に、南アルプスの開発者だという人のレリーフが、はめこんであった。以前は、川原から見上げる位置にあったのだそうだが、前の年の台風で川原が埋まり、いまでは、歩く足下にそのレリーフの銅板が眺められた。

藪沢の川原はかなり荒れていた。大きな岩、小さな岩がごろごろしていて、なかなか歩きづらかった。アルバイトの二人の学生が、Fさんの荷物やわたしの荷物をかついでくれたので前の日よりはいくらか軽くなってらくだった。

川原から森林のなかへはいった。大木が密生していて、森林のなかの登り道はうす暗かった。八丁坂とかいう急な登り道を、電光形に登った。わたしは、どうも登り道になると息が切れて、ハーハー息をはいて登った。電光形の道を上から下まで、直線に凍った氷が、青びかりしていた。氷の幅はちょっとしかないが背中のリュックの重みで、軽々と飛び越えられなくて、ほんの少しだけれど気持が緊張した。

急な坂道を登りつめたら、平地へ出た。あっちこっちに雪が残っていた。そして、すごい密林だった。ひとかかえもありそうな大木が、いたるところに倒れて、網を広げたかっこうで、根っこが地上に浮き上っていた。前年の台風が、このあたりだけをまともに吹きぬけて荒したのかもしれん。

道をふさいだ倒れた大木は、取りはらってあるのもあったが、あんまり大木で、手がつけられなかったのかもしれん、そのままになっているのもあった。そんな倒れた大木のところは遠まわりをして進んだ。重いリュックで、大木を乗り越えるのは、若い元気者だけで、Fさんもわたしも、やっこらさと足を上げても、倒れた木はあまりにも大木すぎて、乗り越えることができなかった。

藪沢を見下ろしてゆっくり歩いた。藪沢の向こうの馬の背は雪が一面で、地肌は少しも見えなかった。仙丈岳は、どうも吹雪いているようで、頂上は姿を見せなかった。そして、密林といい、吹雪く仙丈岳といい、冬の南アルプスの深々とした山の物すごさの性格が、ひしひしと身にせまってきた。

この老体になっても、なんの因果か、冬の雪山をほっつき歩くのかと、一人思いながら歩いていたら、若い人らにもなんとなく、因果なわたしの山歩きが考えられたものか、Kさんが、まず、わたしの年齢しらべをした。Fさんは、Kさんと同じ会社だから、きかなくてもわかっておるし、KさんとTさんは、高校が同窓なんだそうで、おない年、二人のアルバイト学生の年齢もきいた。Kさんは、もそもそと一人言いながら、数の計算をした。Kさんのいうには、若い人四人の年齢を合計しても、Fさんとわたしの二人の年齢の合計が、はるかに多い数字だといって、驚くのであった。Fさんの年齢より、わたしの年齢がはるかに多い。わたしが、いち番の年かさなんだが、若い人の四人の年齢を合計しても、Fさんとわたしの二人の年齢の合計に追いつかぬとは、なんと、四人の若い人は、年若いことかと、まったくわたしは驚きいったものだし、少々年をとりすぎたなと、ちょっと恥ずかしくもなった。若い四人は、なるほど元気がいいはずである。

若い元気者だから勇気もある。ちと、変てこな勇気だったけれど、新宿駅頭の若夫婦しばしのお別れの場面も展開して、皆んなをあっといわすという業もあるということになる。

Tさんの若夫人H子さんも一風変わっていておもしろい人だと思っている。いつの山行のときでも、山から絵はがきの便りをくれる。いつのときも、傘をかいて、傘の下に自分たち夫婦の名を並べている。文面にも、夫婦のなかのお色気を、ちょっぴりのぞかせている。不思議なことに、それが、ひとつも嫌味がなくて、なんとなくほほえましくなる山便りなのである。

おつき合いしていて、Tさんまことにお人柄がよろしい。H子夫人には、かなり

Tさんのお人柄がにじみこんでいると見ているが、そのH子夫人が、気色ばんだ文面ではがきをよこした。わたしが、仙丈岳の記を書くと伝えきいたもので、新宿のしばしの別れを書かれると予感したものだろう。新宿駅での自分が流した真珠の玉のことは、かいてくださるなとあった。いや実は、もうすでに書いていて、原稿を送ったあとだったので、これは、これは、こまったことになったと、頭痛に病んだもののあとの祭りだった。

さて、わたしの書いた若夫婦新宿駅頭の別れの一文を読んだH子夫人から、あんまりひどいことを書いたと抗議する意味の手紙がくるにはきたが、その手紙をよく読み味わうとそこはそれH子夫人一流のお色気気分もまざっているという手紙なので、わたしはまったくむつまじそうなT夫婦を想像し、ほっとして、にやにやするばかりであった。

わたしたちが、平地の密林のなかを、たわごとに夢中になって進むと、雪が、突然に深くなった。北沢峠だという。深い雪道に木の鳥居が建っていた。雪道のそばに、黄色い天幕が二張り張ってあった。若い人の雪山訓練を想像して、わたしは若々しい感情が、身体中をかけめぐる思いがした。天幕の中は人の気配もしない。深閑としたものだった。天幕を空っぽにして、みんな雪山へ登っているのだろう。それを思うとわたしは、胸がわくわくおどるようだった。まだまだわたしは老いぼれてはいないわいと思った。

雪はよくふまれていて、かたかった。小さな鳥居をくぐった。峠の向こうの山のはしに、まっ白い雪の北岳が、ちょっぴり見えるのだとFさんがおしえてくれた。枯木の枝の間にまこと北岳がほんのちょっぴり眺められた。こうした山の眺めには、どうも、心がおどるものではなさそうだ。

仙丈岳への登り口をやりすごして、少し下り気味になったところに、天幕を張ったあとがあって、物がきたなく散らかっていた。たき火のあとがほうぼうにあった。みんな、そこへリュックを下した。二人のアルバイト学生が、さっそくたき火をしてくれた。餅を焼いて、腹ごしらえをすることになった。もうひとふん張りしなくちゃ今日の一日は終らぬのだと思うと、老体には、ちと、無理かなと思った。

五

腹ごしらえもできた。身支度もできた。ちょうどそこへ、四人連れの若い人らが、仙丈岳の方から下ってきた。天幕を張りっぱなしにしていた人たちだった。男ばかり四人かと思っていたら、男二人、女二人だった。身支度のできていたわたしたちは、その若い人らと話しこんで、仙丈岳への出発がぐずついて腰が上らなかった。

二人の男は、手分けして天幕をたたんだ。女の方の一人は、新しい靴をはいてきて靴ずれできたと、靴をぬいで足をさすりながらわたしたち一行へ向かって、手当の方法を求めるふうだった。わたしたち一行の誰が口火をきって、その女の人に手当の方法を教えるかと見ていたら、Ｋさんが元気のいい声をして、こうしたらいい、ああしてもいいと教えていた。なんでも、せっけんをぬりつけるのが靴ずれにはいいというような意味だった。

男女四人の若い人らは、どうも、会社勤めの人らのようであった。その日のうちに山を下って最終のバスに乗るつもりらしい。しかし、元気な男たちは達者に下れても、靴ずれした女の人を引きずって下るのでは、これはそうとう男たちは気をもむことになるだろうと思った。

わたしたちの一行の元気者たちは、女の人との話し合いがなんとなくながびいた。どんなことを話し合っているのか知らんが、元気者たちはとてもまじめくさった顔つきをしていた。話し合いがあんまりながびくので、これではいかんとごうをにやしたFさんが、とぼけた顔して、出発だ出発だと号令を出した。

休んだ場所へ重いリュックはみんなおいて登るのだから、だれの足も軽くて早かった。いつも、こう身軽く歩けるものなら、まことに山歩きは特別にいいものだになと、人の後について歩きながら、わたしはしみじみ思った。

森林のなかを、細々と道はゆるく登った。はじめは尾根筋をはなれた南側のどてっ腹を巻くように登った。南の方が見張らせるように立木を切開いた場所が二カ所ほどあった。そこからは、正面に北岳が見ごとに眺められた。山全体が、雪のかたまりのような、がん固さにも眺められたが、北岳につらなるさまざまな山々、悠久神秘、まったく、気の遠くなる眺めであった。

どてっ腹の森林の中の道が、尾根筋を歩くようになると、深い森林のなかは、かなり深い雪だった。雪道は、石段のように段々にふみ場ができていた。ピッケルの柄をぐさっと雪につきさしては、自分の身体を引き上げるようにして登った。しかし、それは、わたしだけのことで、若い元気な四人は、いともかんたんに、ひょいひょいと、雪の階段を身軽く登って行った。あまり身軽い足さばきではなさそうなFさんにしても、わたしよりは楽々とした身のこなしで登るものだから、やっぱりわたしが、いちばん老体だなと思った。

森林の中をかなり登ったと思うあたりから、吹雪になった。立木をすかして、北の方から馬ノ背の方角を見ても、もう、何にも見えなかった。尾根筋が少しゆるくなったところに、大きな岩が、一つだけぽつんとあった。大きな岩のかげで、吹雪の風をさけて、ひと休みした。岩のかげへ吹雪が舞って、テルモスから、コップに受けた熱いお茶のなかへ、音がするわけではないが、じゅっと音がするような感じで、さかんに、コップのなかへ吹雪が舞いこんだ。

やせた尾根のあたりだった。藪沢の側にだけ森林があって、前面は立木がなくて、晴天なら北岳をまっ正面に眺められるという場所の雪のなかへ、ひと張りの天幕が登り道をふさいでいた。天幕の入口から頭だけ出して、老人とも若者とも見当つかぬ顔をした男が、登って行くわたしたちの方を、じっと見つめていた。あたりは森林の様子もだいぶ変わってきていた。雪はひざ近くまでもある深さで、頂上も近いんだろうと思った。

登り道をふさぐ天幕に近づいて見ると、天幕の中では何人かの人の話声が、もそもそときこえてきた。天幕の後側が森林だから、藪沢から吹き上げる吹雪はまともに吹きつけず、いい場所に天幕を張ったものだと思った。

天幕から頭を出している男はと見ると、芝居に出てくる法界坊《ほうかいぼう》みたいな顔になっていた。もう、幾日天幕住まいをしているのだろう。無精のしほうだいをしたものにちがいない。天幕の後をすりぬけて、ふりかえって見ると、東京の○○大学山岳部の文字が天幕に書かれていた。

天幕の張ってある場所をすぎると、ますます雪は深くなった。もう森林の限界に近いあたりで、ひと休みした。ずっしりと重いリュックをかついだ男達が三人、ブラリブラリと登ってきた。鋸岳、甲斐駒と、やってきたのだそうである。北沢小屋で友達と落ちあうことになっていたが落ちあえなかった、時間をかなり無駄にしたといっていた。その落ちあえなかった山仲間が、ひどく気になる様子をしていた。

六

森林限界の位置に登ると、吹雪はますますひどくなった。その日も幾組も登っているはずだが、その人たちの足あとは吹雪に消されて、登る道筋も、見当をつけて尾根筋をまっすぐ登った。吹雪いているものだから、仙丈岳も完全に見えない。吹雪の合いまにちらっと、のっぺりした雪山の肌がかすかに眺められた。

吹雪いて見通しのきかない上の方で人声がしたようだった。と思ったら、雪まみれになった三人が、たったたっと下ってきた。ザイルで身体を結びあっていた。なかなかものものしい登山姿だった。

はじめのうちは、男やら女やらわからなかったが、わたしたちを案内してくれる学生とは、顔見知りのようすだった。わたしたちのところで、下る足を止めて、何にやら話しあった。学生のいうには、前と後ろが男で、まん中が女だ。女の人は、雪山訓練にきていて、さかんにあっちこっちの雪山を歩いているのだそうな。娘さんであるか、人の妻君であるか知らんが、雪山を幾日もなんのくったくもなく歩かれるとは、うらやましいことだなとわたしはそっと思った。

三人の男女は、わたしたちのそばをあいさつもそこそこに、雪をけ散らして、勇ましく下って行った。態度や道具の調子からみて、女の人を指導するという二人の男も、どうも、そうたいして年季のはいった山男ではなさそうにも思えた。

わたしたち一行といえば、学生さんの二人はもとより、Fさんにしても、Kさんにしても、Tさんにしても、どうも山気ちがい的な人々で、山は、夏も冬も達者に歩いている人らである。わたしが、少々この人らにとって荷厄介になりそうなほどの存在で、いつも、わたしは引け目を感じているありさまだ。そんなわたしが、人様を評して年季がはいっていないなどと大口をたたくのは、無礼千万なことだなと後悔した。

荒れすさんで、岩や石ころが雪の上に出ていた。ひどい風で雪は吹き飛んでしまうらしい。吹雪でどこも見えないから、まるでそこは小さな丘の上のようだった。岩のかげで、吹雪をよけて休んだ。煙草の火をつけるのに苦心した。

わたしたちが休んだ丘のようなところから、登りは再び胸のつかえるような斜面になった。ひどい吹雪で、登る足元が左へ左へと吹き流された。そこで吹き飛ばされたら、深い雪の急な斜面へ落ちることになる。深い雪の上へピッケルの柄を打ちこんで、身体を吹きとばされんように支えては登った。

急な雪の斜面に、先を登る人らのピッケルの柄を打ちこんだ穴やアイゼンの小さい八つの穴がざっくざっくと続いていた。その穴を消すように、粉雪がさっと吹き飛んでは、また穴が、吹雪の中に現われた。不思議なことに、その穴が、蒼くふんわりと、りんのように光る。わたしは、まったく不思議な自然現象の美しさを見つけたものだ。あんまり美しいので、吹雪に吹きつけられながら登るのも忘れてしまうほど見とれた。

冬山に達者な人らには、なんどもけいけんしているのであろうか、めずらしくはないらしい。そんなことは気にもとめないで、吹雪の中を一歩一歩登って行った。

雪の面を強い風が吹きまくって、なんかの調子で、そこだけが、真空の状態にでもなって、あの美しい青さを感じさすのだろうかとも思った。その不思議な美しさの説明は、だれにきいても、はっきりとした返事はしてくれなかった。わたしは、三月の仙丈岳へ登って、この一つだけを見たことに、登山のすばらしさがあったものだと、寒さにふるえても、胸がわくわくした。

吹雪で何にも見えない。あたりの雪の様子をたよりにして、一歩一歩登った。方角からいえば、北側の馬の背の方から渦をまくように、吹雪いてくるその吹雪が、さっと切れることがある。その切れまに、胸がつかれるように、登る行くてに雪の大きな壁が、どっかと立ちはだかっていた。ひょいと左の側を見ると、そこは、何にもない空っぽの谷底に、吹雪が物凄い勢いで渦をまいていた。

わたしたちは、いつのまにか左の方へ吹雪の力で吹きよせられていたものらしい。登る方角をいくぶん右へとった。そのとたんに、吹雪が再び舞って、行く手が見えなくなってしまった。雪の上を荒れ狂う吹雪のすきまに、先を登った人のピッケルの突きあとや、アイゼンの爪あとが青く光った。

右へ右へと、わたしたちが登っても、頂上らしい位置へ登りつかず、どうもそれは、広々とした尾根の一角を登っているとしか思えなかった。ちょっとした段丘があって、みんなはやれやれとした気持なのか、登る足を止めて、立ったままでそこで休んだ。二人の若い案内の学生も、どうも吹雪でなにも見えんもんだから、どこがどこやら見当がつかぬらしく、首をひねっていた。

吹雪の中で、わたしは生理的なものを催した。かじかんだ手で、その用をたすことはなかなか苦労だった。みんなに背を向けて、雪山の方へ立ちはだかって用をたした。気が晴れ晴れして落ちつきを取りもどして、ひょいとわきを見ると、棒杭が雪のなかにたっていた。一本の方は、神様の名前が書いてあり、別の方には、小仙丈岳という山の名と、標高の数字が書いてあった。

それを見つけると、案内の学生はここが小仙丈岳の頂上だといった。そして、仙丈岳は、女の神様だともいった。わたしは女体の神様に向かって、こともあろうにあらわなものを見せつけて、知らなんだとはいえよくも用をたしたものだと、またびっくりしてしまった。わたしがそれをもそもというと、だれかが、女体の神様にお供えをしたようなものだから、ひょっとしたら女の神様の気も静まり吹雪が止むかもしれんといった。

案内の学生は、小仙丈の頂上だというし、棒杭にも小仙丈岳と書いてあるし、小仙丈にはまちがいないのだろうが、地図の上での小仙丈岳とは、どうも様子が違っているように思えて、わたしには、納得のいかない頂上であった。

納得のいかない場所は、ちょっとした段丘で、その上の方は雪の斜面が続いていた。ふるえながら待ったが、いっこうに吹雪は止まなかった。仙丈岳頂上へ登るのは中止になった。わたしが一番ほっとした。若い人らには心残りの様子が、なんとなく感じられた。

吹雪の中を、追い返えされるように下った。わたし一人の供物ぐらいでは、女体の神様の気を静める役に立たなかったのは、若夫婦新宿駅の別れの場面もすでに見通されていたのだろうから、それの刺激が、あまりに大きかったものだろうかと思った。

甲斐駒　1949年

早春の駒ガ岳

一

北沢小屋の旧《ふる》い方の二階に泊まった。二階の座敷はかたむいていて、ねむっていると、いつのまにか身体が、寝袋のままで、ひくい方へずりおちては何度も目が覚めた。目が覚めると、身体がかたまるような寒さだった。

寒いはずである。小屋の外は、凍りついた雪で、人の通るところだけが、凍ったみぞになっていた。

夕おそくまで、笑い話しで夢中だった小屋の前の天幕の三人、男二人女一人の組は、もうすでにどこかの頂上を目指したもののようだった。わたしたちを案内してくれる二人の青年と知り合いともみえて、通りがかりに天幕の外から声をかけたが、返事がなかった。ひっそりかんとしたものだった。

小屋をはなれて、しばらくすると、荒れ果てた川原になった。両側の山の根方《ねかた》にだけ、深々と表面だけ凍った雪が残っていた。人の歩くところは、大体きまっているもので、川原をあっちへ、こっちへと歩いて進んだ。前の日の歩き疲れで、ごつごつした川原を歩くのに、山靴がこねくって、歩きづらかった。

せまい川原へ、大木や小木が折りかさなって倒れたりしていた。大木をまたぐには、高すぎるし、くぐるには大木の下がせますぎて、なかなかくぐれない。若い元気な人らは、前の日の疲れもないものか、木の倒れたのを、どんどん乗り越えて進むが、わたしは、そう簡単に身体がいうことをきかなかった。Fさんは、どうかと見ているると、この人は、絵の七ツ道具をかかえこんでいる。どうも、わたしよりも、もっと苦労して歩いていたようだ。ことに、大木を乗り越える腕前は、まことに無細工なようであった。

そうしたいやな川原を歩きつめたところで森林へはいった。雪がいっぱいあった。歩きよくなってFさんもやれやれと思ったふうにみえた。夏山ならなんでもない場所でも、凍ってしまった場所は、それがほんの少しの場所でも、難儀なものだ。夏山なら、段々になっている坂道だが一枚岩の氷になっている。先に進んだTさんが、勇ましげに、ピッケルを使っている。下の方にいるわたしたちの顔に、小さく砕けた氷のかけらが、飛んできて冷たかった。冬山では素人のわたしにも、ちょっぴりと、雪の山の味わいは、こんなところにもあるのかなと思われたものだ。

Tさんが、切ってくれた氷の足場を、わたしは、おっかなびっくりで登った。しかし、氷の足場などというものの、外の人々にとっては、こんな氷の足場などは、もちろん問題になる足場ではない。だれもが鼻歌まじりで、いとも簡単に登って行くものだから、わたしは、元気な人らにはまったくかなわないなと思った。

わたしにとって、氷のむずかしい場所を登りきると、その上は、まるで、平地を歩くような、森林のなかの雪道であった。気持よくカンジキの爪が、ふみかためた雪道の上にくいこんだ。そして、みんなの足の調子がそろい、行列をして進んだ。足元が楽になると、こんどは口元がいそがしくなった。Kさんも、カメラをいじくりまわすのは見合わせたかっこうで、同年輩で気の合うTさんと声高くやり合っては笑っていた。たぶんそれは先夜新宿駅を出発したときのTさんが新婚ほやほやな、しばしの別れを惜しんだありさまをからかい合っているともみえた。それと感づいたFさんが、その話へ割り込んだものだから、どうも話し声はますますにぎやかになった。頭の上の木の枝から、羽音をたてて、何かしらん鳥が飛んで行った。二人の青年は、わたしたちの話し合う意味が判断つかぬらしく、ふりかえって、わ

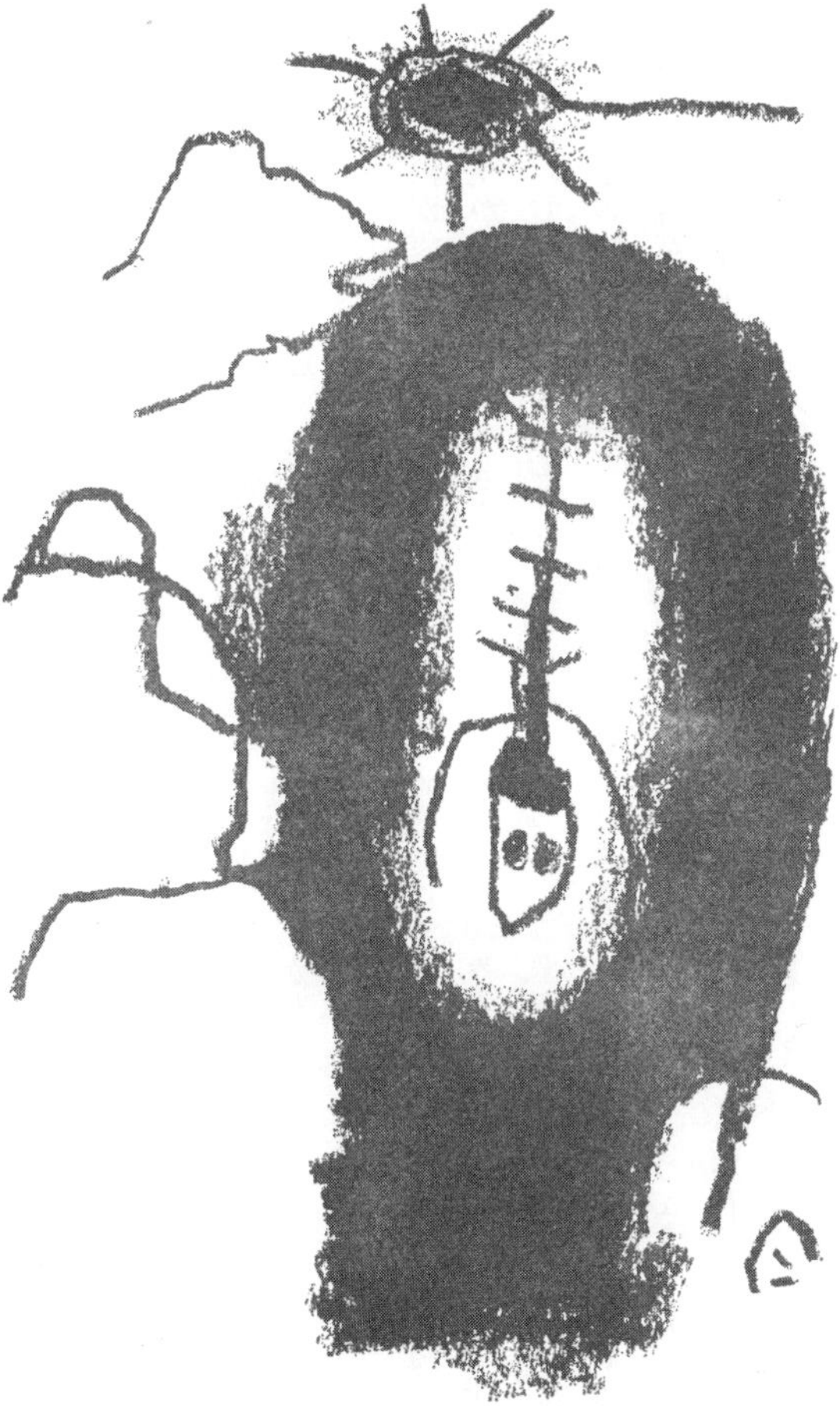

たしたちの顔を見くらべるようにしては、ぽかんとした顔つきをしていた。

森林の中を歩きよい雪道で、みんな、のんびりした気持になった。こうした雪道なら、夏の道よりはるかに、楽々と歩けるなと思った。わたしの冬山などというのは、この程度がよさそうに思えた。しかし、元気な若い人々は、こんな雪道で感傷にふけったり、もたもたしたりするなどとは、愚の骨頂と思ったか、そのうち足が早くなった。若い人達の足が早くなっても、楽な雪道だから、老体のわたしのくたびれた足も、そのあとへ楽々とついて行くことができた。

小さな沢が、左の方から出ていた。そこを過ぎる頃から、空が開けた。森林をぬけたあたりから、立木も小さくこしくれたもので、シャクナゲの緑の葉が、雪の上に凍りついて出ていたりした。

駒津岳の側は、ごつごつした岩石で、アサヨ峰の側は、こしくれた立木の林になっていて、雪が吹きたまって、立木の下半分は雪に埋まったかっこうであった。ごつごつした岩石は、きたなく黒くあかがついていた。とげとげした岩石を見て、Fさんが火山岩だと、学のあるところを見せて、わたしにおしえてくれた。

火山岩にはさまって、こしくれて、上へのびることもできないかっこうで、カラマツの古木がたくさん生えていた。岩の間から、岩の上をはうように、枝をひろげているシャクナゲもあっちこっちに生えていた。葉のかっこうや枝ぶりからみて、キバナシャクナゲではないかと思ったが、先を登る人たちにおくれまいとするところから、たんねんにそのシャクナゲを見るのをあきらめて、先を登る人たちについて歩いた。

きたなく垢のついた火山岩を、日当をかけて運び出すと、都会では見ごとな庭石になりそうだ。東京あたりの住宅でも、ちょいちょいと、火山岩で築いた庭など見ることがある。しかし、わたしは、あまりに自然がむき出しになっている岩石なので、心にひびく強さがひどいので、そんな庭はすきでない。やっぱり、風雪のきびしい山上の自然のなかでのみ見るのが、岩石が生きてくるように思えた。

岩石が積み重なっているあたりの頂上の山は、地図の上で見ると駒津岳であった。なだらかに、見上げられる上の方は、こしくれた立木におおわれているようであった。

V字形の底のとんがりのかっこうで、向こうが開けた。そこが仙水峠だという。

歩く足元の右下に窪地があった。うまくすると水も溜まりそうな窪地である。あるいは水が溜まることがあるかもしれんと思った。また、水が溜まっていて、こんな場所に水があるなど、これは仙人の水だなどと、仙水峠の名がついたかもしれんと思った。

窪地のヘリを少し進んだと思ったら、とてもひどい風が、まともに吹きつけてきた。まるで、風洞から吹き出る風を、その入口で受けとめているといった強い風であった。

なるほど強い風だと思った。たどりついた仙水峠に立つと、峠の向こう側は急な斜面になっていて、その底は深い森林だった。まったく、峠の正面は、空気の広場で、その向こうに、とてつもないでかい岩のかたまりの山が、一直線の断崖を、深い森林のなかへ落していた。

青空に白い雲が流れていた。空気の広場の向こう遠くに八ガ岳方面が眺められた。その方角から吹いてくる風が、ま向かいにそそり立つ岩の大きなかたまりにぶつかって、こちらへ吹きこんでくるらしい。

大きな岩のかたまりの断崖が、摩利支天だとおしえられた。その後の、不細工な岩のかたまりの山が、駒ガ岳だとは、おしえられなくても、それと判断がついた。

Kさんが、摩利支天のあそこが六方石だ、あそこは何んだと、ことこまかに説明してくれた。

どこの山でもそうだが、山は、自分の足で、自分がふんでみないことには、何となく判断のつかぬものだ。自分で歩いてみて、なるほどとなっとくがいくが、Kさんが、いくらことこまかく、上手に説明してくれても、どうも、はっきりと、心にしみこまぬものがあった。

仙水峠のごつごつした岩かどで、わたしたちは、冷たい風に吹きさらされて、長いこと休んだ。仙水峠だなんで、女性的なひびきの峠の名だから、わたしは、峠の上は、草つきで、その草つきのなかを、細々と峠道が乗り越えているものとばかり、いままで思っていた。ところが、いざ仙水峠に立って見ると、それはとんでもない思いちがいだったようである。峠そのものは岩石がごつごつしているし、峠の向こうは深い谷、いまにものしかかってきそうな、断崖の摩利支天と駒ガ岳と、にらめっこしなくてはいけない。摩利支天と、駒ガ岳を眺めていると、いまにも息がつまりそうなおそろしさが、ぞくぞくと胸をしめつけた。

仙水峠の向こう側の深い谷間の底から、摩利支天のほんの少し左側によった断崖をよじ登った登山者があったものだと、Tさんが指さしながら話した。その断崖をよく見ると、ところどころに、細い立木が眺められ、岩の破れ目に雪が残っていた。わたしでも、時間をかければ、あの断崖ぐらいは登れそうなものだと一寸思った。

駒ガ岳へ登る方の山は、林になっていて、林の中は、深い雪が残っていそうであった。そして、かなり急な登りのようであった。これからさき、まだ一と苦労も二た苦労もしなくてはいけないなと思った。

アサヨ峰へ登る尾根道も雪が深そうであった。その尾根道の深い雪のなかに、足あとが乱れて、上へ登っていた。案内してくれる青年が、北沢小屋のそばへ天幕を張っていた組が登ったはずだといった。そういえば、なにか人声が、もそもそと上の方からきこえてくるような気がした。

二

吹き上げる風をまともにうける仙水峠は寒かった。汗のにじんだ下着が、ぴっちゃりと肌にくっついてつめたく、気持わるく、わたしは胴ぶるいした。峠の東側の深い森林の谷を見下ろしていると、身体が、ずるずるとすいこまれそうな気味のわるい深い谷で、わたしはながく見下しておることができなかった。

昔の人は仙水峠を、さかんに越えたのかもしれんが、いまは、もう、越える人もないらしい。あるいは一部の探求心の強い登山者は、越えているのかもしれないが、東側は、ふみあとがまったくなかった。地図を見ても峠から少し下ったところまでしか、山道の点線の記入がしてない。しかし、わたしの地図は、戦前買ったものだから、いまは、ちがっておるかもしれん。

わたしが、寒い寒いと、ぼやいておるまにFさんは、鉛筆を正眼にかまえて、摩利支天の断崖の方をにらんだり、こまめに鉛筆を動かしたり、いそがしそうにしていたから、スケッチもたくさんしたものだろう。

Kさんにしても、Tさんにしても、これは、カメラをあやつるのにいそがしそうであった。わたしのポケットにも、スケッチブックの小型のものがはいっているにはいるのだが、寒いのと、無精者で、いっこうに気のりがしなくて、ぼやきながら、ただ、つっ立って、みんなのすること、見ているばかりだった。

Fさんは甲斐駒や、方々見晴らせるところまで登って絵をかくという。わたしは、とにかく、駒津岳までは登るつもり。Kさんと、Tさんと、アルバイトの学生は、アルバイトを引き受けた責任上、一人だけは、Kさんと、Tさんを案内することになり、もう一人の学生は、Fさんのお供をすることになった。

仙水峠から駒津岳への登り道は、もう、はじめから、森林のなかの急な登りであった。森林のなかには雪がまだたくさん残っていた。森林のすきまから、日がさし込むところだけ、雪がぐじゃぐじゃになっていて、みんな、つるりと滑った。胸につかえるような、急な道だからわたしは、両方の手を使って、木の根にすがり、岩がんどにつかまって、自分の身体を引き上げるようにして、息を切らしてやっと登った。急な森林のなかの道は、なかなかながくて、もうやりきれんなと思った。

森林の東側の方から、強い風が吹き上げた。急な平面の地帯から、尾根筋へ出たものらしい。森林を東側の方へ出てみると、摩利支天の横っ腹が、目の前にぽっかりと飛び出した。森林のなかの急な道がながかったと思ったのも当り前、かなりに、わたしたちは、登っていたのである。

わたしたちは、摩利支天の方から吹きつける風をよけて一服した。森林をすかして、Ｆさんは、スケッチをはじめた。Ｆさんは、よくも、こまめに、スケッチするなと感心した。無精者の自分は、みんなの手前、少し気がひけた。

Ｋさんと、Ｔさんは、甲斐駒の頂上を目指すのだから一服する時間もおしいらしいが、なにしろ、どっかと、落ちついた気分のあるＦさんが、なかなかスケッチするのを止めそうもないので、カメラをいじくりながら、いらいらしているようでもあった。

Ｆさんや、Ｋさんや、Ｔさんは、夏の甲斐駒は、すでに登っている人々で、もちろん、アルバイトの二人の学生は、小石のあり場所も知っておるというありさま、はじめて登るのは、わたしだけだった。

ＫさんとＴさんは、Ｆさんに、上の方にすごく見晴らしのきくところがあるじゃないかと、さかんに、Ｆさんをさそいにかけた。落ちつきはらったＦさんも、そうだったなと、やっと、腰を上げるしまつに、手持ちぶさたの二人の学生も、Ｆさんにつれて腰を上げた。一人の方の学生が、Ｆさんの七ツ道具を受けとると、みんなはまた登りにかかった。

森林の限界をすぎると、摩利支天の側は、急な雪の斜面で、深い谷の底は見えないくらいで、深い谷から、つめたい風が吹き上げてきた。尾根すじを登るのだが、シャクナゲが繁っているらしく、雪の上に、枝が出ている。わたしたちは、摩利支天側の方を、シャクナゲの枝をよけて登った。その方に、前に登った登山者のふみあともあったわけで、それをたどった。登りながら、わたしたちが登っている道は、どうも、冬だけの登り道で、夏山の道は、別のところを登っておるんじゃないかと、尾根すじの地形でわたしは思った。

甲斐駒の登りは、みんなが、てんでんばらばらの考えになったから、どうも、足がそろわなくなった。Fさんにはここぞと思う見晴らしのきく地勢に出たので、そこへ腰を落ちつけたらしく、もう登ってこない。はるか下の方のかん木のすきまから、カンバスの前に立つFさんの姿が見えた。

Fさんの七ツ道具をかつぎ上げた学生も、道具をFさんに渡すとさっさと上へ上へと登って行った。KさんとTさんと、もう一人の学生は、もう駒津岳あたりまで登っておるかもしれん。わたし一人が雪の尾根筋を、ゆっくりと登るはめになった。

仙丈岳で、前の日は、散々吹雪かれたものだが、この日は、また、なんといい上天気なんだろう。ときどき甲斐駒の頂上を強い風に吹きまくられて、うす肉となった雪が、さっと、かすめるぐらいであった。

仙丈岳がまっ正面に眺められた。べっとりと雪がついている。前の日の吹雪が、ほんとうに思えないくらい晴々とした仙丈岳の眺めであった。いましがた登ってきた森林が、仙水峠まで、ほとんど垂直の線で見下せた。こんなに急な登りだったのかと、よくも登ってきたものかと、驚いたり、感心したりした。

目の前、手がとどきそうな近くに、アサヨ峰がまっ白である。青空に、曲折のまっ白い線をえがいて、地蔵岳の方へつづいている。とんがった岩が、ぽつんと、一つ眺められて、急角度で東の方へ、尾根が下っている。山々のすそは、黒々と繁った深い森林で、どこがどこやらまったく判断のつかぬものだった。

北岳も、遠くに眺められた。北岳のまっ白い雪の肌のひとところに、特徴のある形が白々と目立った。Fさんがいっていたカールだろうかと、わたしは判断した。

シャクナゲの繁っているところをふみ越えて、尾根筋を左へ出て登ればよかったのに、雪の上のふみあとをたどって登ったところ、摩利支天側の谷底へ垂直に近い角度で落ちこんでいる雪の斜面に出た。急な斜面を、谷底から、斜面の雪を吹き上げる強い風が、うずまいていた。

急な斜面を、ななめに足あとが横ぎっていて、わたしは、雪の斜面へ手をつきながら登った。急な斜面を中ほどまで登ると、ますます急な斜面になった。谷底を見下すと足元がふるえた。登るのも恐ろしい、下ることも恐ろしい。こきざみに、身体がふるえた。上の方だけを見るようにして、わたしは、両方の手を雪の上について登ることにはどうにか登ったが、しばらく、心がふるえた。

はるか上の方に、Fさんの七ツ道具をかついだ青年がはうようなかっこうで、さっさと登って行くのがちらりと見えた。駒津岳の頂上でわたしを待っていてくれるのじゃないかと、わたしも、息をきらして急いで登った。

もうその辺には、雪がなくて、ガラガラ石の道だった。地をはうような形の、シャクナゲやハイマツがあった。もちろん地表は、小かん木でいっぱいだった。登っている道は、夏道だろうと思った。

駒津岳の頂上は、赤土がはみ出してせまかった。ひときわ強い風が吹き流れた。中央にある積石に身をよせて風をよけた。学生も、Kさんや、Tさんや、もう一人の学生もあとを追いかけて、甲斐駒へ登るつもりか、そこらあたりに姿はなかった。

峰つづきの双児山は、頂上も森林で、一部分森でないところもあった。そこは、深々とした雪であるようだった。双児山より、はるかに高い駒津岳は、赤土だというのは、たぶん、強い風で、雪が吹きとばされたものだろう。

どのあたりを、Kさんら一行が登っているかと、目をすえて見つめたら、その人らは、まだ、駒津岳と甲斐駒をむすぶ尾根筋の一番ひくいあたりを歩いているのが見つかった。岩を伝って、三人の姿が、見えたり岩にかくれたりした。

あとを追った学生は、はるかに、三人におくれて、歩いているのも見つけた。みんなは、多分、摩利支天よりへ横ばいして、頂上へ登るのかもしれんと、わたしは、強い風を積石でよけながら、目をはなさなかった。

摩利支天よりへ横ばいを、登山者たちがするかどうか知らんが、横ばいをしたらしいあとが、雪の上に感じられもした。じっと見つめていると、黒い小さな点が、いくつも動いているようにも感じられた。Kさんら一行の外にも登っている人があるのかなと思った。

しかし、動く黒い小さな点を、見つめていると、そのままいつまでも動かなくなった。それは、雪の上に出ている岩がんどであることに気づいた。目の錯覚だったのである。

Kさんら一行の姿は、岩に見えがくれしてからあとは目を皿のようにして、見つめても、横ばい道を登っておるのやら、また、まっすぐに、岩尾根を登っておるのやら、皆目わたしは、見つけることができなかった。わたしは、Kさんら一行の登り道をさがすのを、あきらめて駒津岳の頂上から下ることにした。

八ガ岳山麓

ずいぶん前のことだった。信州からの帰りみち、富士見駅へ降りた。今にも降りだしそうな空模様で、歩いていても肌寒かった。

早朝のことだから、まだ家並は、眠ったような静かさだった。高原療養所のわきをぬけて、ゆるい坂道を登るように進むと、段々になった水田に出た。一面に朝靄がかかり稲の葉先には、露玉がついていた。

列車を降りたばかりで、私は、まだ朝飯を食っていなかった。

水田のなかの道をぬけると、土手に繋った雑木林に、道は突き当って、下り気味になった。

林をのぞくと、その向こうは低地で、樹木につつまれた部落の屋根が見えた。

林の近くの草地で、私は、ハンゴウで飯をたき、味噌汁をつくった。味気ない朝飯を食っていると、雨がぽつりと降ってきた。急に寒くなったので、私は、ルックザックからジャケツを取り出して着込んだ。

野良仕事に出かける村人が、怪訝な顔付をして通りすぎ、雨支度をした子供が、二人三人、村人について行く。小走りに通りすぎながら、しげしげと、私の方をのぞくようにして眺めていた。

簡単な朝飯がすむと、私は、ルックザックをまとめて、そこをたった。道は、土手の林の中をぬけて、低地の部落へと下った。瀬沢の部落だ。部落の中程で道は十字路となった。その十字路を、右へ下って行くと、帯のように細長い窪地で、その両側の土手には、雑木が繁っている。そのあたりを、中央線が高い土手を造り、雑木林をくぐりぬけて横切っている。その辺一帯も一度歩いたことがある。

私は、十字路をまっすぐに進んだ。瀬沢の部落を通りぬけると、細い流れを渡った。しばらく歩くと、また部落へ出た。ゆるい斜面にひろがる部落で、中程が十字路になっていて、このへんでの中心地かも知れない。雑貨屋や、飲食店も並んでいた。地図でみると、「乙事《おっこと》」という変な名前の部落だ、どう読むのか、見当もつかなかった。

ひと降りして雨は止んだ。小石の道はしっとりとぬれていて、雨雲は相変わらず低くたちこめていた。私は、何んとなく落ちつかぬ不安な気持で、十字路をまっすぐに、ゆるい坂道を登った。

道は、急な斜面を登るようになる。あまり裕福そうでない、粗末な家が、斜面の畑のあちこちに建っていた。

朝だというのに、一軒の家では、何んとなく騒がしく人の出入があり、庭先には、新しく築いたと思われるかまどがあり、大きな釜がかかっていた。かまどの近くには食器や、料理に使った野菜の屑が散らばっていた。昨夜あたり振舞ごとでもあったものと思った。

部落もすぎて、段々畑の中の道を登ると、濁り水をたたえた小さな貯水池のへりへ出た。貯水池の周囲はほとんど、育ちのよくない桑畑だ。見おろすと、今登った道をはさんで、部落の家が建ち並んでいるのが眺められた。釜無川もこのあたりでは目だたなく、ほとんど平地のように見える。その向こうに南アルプスの一連の山々が、のしかかるように眺められた。ことに目立つのは、醜怪《しゅうかい》な駒ガ岳で、鳳凰山は茫洋とした山容だ。山腹は陽光の関係で、紫の一色につつまれ、その深々とした姿に、私はしばらく息をのんで眺め入った。

私の行く手には、八ガ岳の南端、編笠山が、権現岳が、阿弥陀岳が、そして、そ

れにつらなる山々の、山腹が、まるで私を突きのけるように、立ち塞さがっていた。その山々の南ろくを、立沢《たつざわ》の部落から、小泉村へ直線に近い径が通じている。私は、その小径を歩きながら、南アルプスを、八ガ岳を、写生したいと考えついてのことだった。水場があれば、二、三日、天幕を張って野宿もしようと思っていた。

貯水池のわきから、山腹の直線の径へ通じているので、私は右のその道へはいった。いつ晴れたのか気づかないまに、雨雲が切れて、青空がのぞき、午前の暑い太陽が、じりじりと照りつけはじめた。道は深々と繁る雑木林の中へはいった。枝の青葉から、首すじに、冷たい雫がぽたりと落ちて、私は、ぞっとする冷たさに、思わず首をちぢめた。

光線も当らないような雑木林の木立の向こうで、ばさりばさりと音がした。すかして見ると、もっさりと、動くものがある。瞬間、私は、猪だと思つた。ギョッとして立ちすくんだ。猪ではなかった。それは人間だった。先方も、物の気配を感じてか、腰を上げて、振り返った。

白髪頭を乱し、瘠《や》せたほほ骨、見るからに気味のわるい老婆だった。人気《ひとけ》のない陰うつな山中だ。私はぞっとした。老婆は、雨が上ったので、小枝集めに登っているのだとわかった。

老婆は、舌もつれの早口で、しゃべりつづけた。

老婆の話によると、下の部落で振舞ごとがあったと思った家は、嫁を残して主人が死んだのだとわかった。秋になると、このあたりは栗もたくさんとれるし、キノコも出るといった。

老婆を相手にしていたのでは、いつまでも話がつづくので、私は、早々に老婆のそばをはなれて、なおも雑木林の中の道を、登りつづけた。やがて、雑木林もつきて、明るい草原に出た。その草原をゆるく登ると、小泉村へ通じる直線の径へ出た。晴れていた空に再び雨雲がひろがってきた。ひと雨きそうな模様なので、私は大急ぎで雨支度をした。地図で見ると、直線の径は、「棒道」と記してある。私はその「棒道」を、ゆるく降りるように、小泉村に向かって歩いた。

雨になったら、途中から小淵沢へ降りればよいと腹のなかでは、もうきめていた。

八ヶ岳山ろく（冬）1952年

雪の八ガ岳

一

八ガ岳農場行き、茅野駅前発の一番バスに乗った。わたしたち三人の外、二人ずつの二組の登山者で、乗客はたった七人であった。

街並を出はずれるとバスは上下左右にがたびしと大ゆれにゆれた。バスの天井がうすぎたなくよごれ、ところどころに小さな疵痕《きずあと》がめだった。たぶん網棚にのせた登山者のリュックに付けたピッケルの疵だろうと思った。

雪がちらつきはじめた。家並が四、五軒あるところで、娘さんが乗った。様子を見ると、一番バスに乗りこむ車掌さんなのだが、茅野駅まで出る便がないので、自宅の前で乗りこんで、車掌勤務をすることを特に許されているもののようであった。

バスが大ゆれにゆれたとき、車掌さんがひどく前のめりにのめった。わたしたちの方をふりかえって、恥ずかしそうににこりとほほえんだ。

行く手の八ガ岳は、吹雪く黒雲にまきこまれてなにも見えなかった。荒れた道も畑も一面の雪で、林だけがきたなく目立っていた。

一面の雪の広場の洋風の建物の前で、バスは止まった。その建物は、農場の事務所で、近くには、一定の間隔をおいて、同じ型の建物がずらりと並んでいた。北海道の風景につきもののサイロが、ここでも見られた。あたりは、まだ、人影もなかった。雪がさかんにふってきた。

バスは、茅野へ引きかえす発車まで、まだ時間があるというので、わたしたちは、バスのなかで、朝飯を腹へつめこんだ。運転士と車掌は、運転台においてあった石油の空缶を、雪のなかへ持ち出して、焚火して暖まっていた。

雪のなかを歩く身仕度をして、わたしたちは出かけた。元気な若い人たちは、夏山のような身軽い服装に、軽々とリュックをかつぎ、さっさと先へ先へと歩いていった。

雪の八ガ岳登山は、M鉱業の友人Fさんが暮れのうちから計画をたて、同じ職場のFさんの同僚Mさんが、少し前に登山して、充分に山の様子が知らされていたものだ。また、重い荷物を、かつぎ上げてくれる山旅会の、若い青年AさんがM氏に従っていた。

MさんとわたしとFさんは昼間の汽車で新宿をたった。その夜は上諏訪の温泉つきの安宿に泊まった。その安宿もMさんが見つけたものだったが、おしえられたFさんにしても、安宿がどのあたりにあるかけんとうがつかぬのだった。こちこちに凍り、雪のちらつく上諏訪の駅前の交番で、安宿のあり場所をきいた。旅館名を印刷した一覧表を、Mさんとわたしに渡しながら、交番の若い巡査は、にやにやしながら、それでもていねいに場所をおしえてくれた。

Mさんは、巡査の顔色から察して、ひょっとしたら、まともな宿ではないかもしれんといった。わたしもそう思った。今夜あたり満員かもしれんと巡査がいったが、ほのかに湯気の立つ小さな溝川にそって、露地をはいったところにその安宿はあった。玄関のたたき一面に、はきものが並んでいた。登山者の靴もたくさん並んでいた。Mさんからきいた事情を出てきた女中さんに話すと、宿の女主人だろうか、丈の高いおかみさんがのそりと出てきた。Fさんの交渉のうまさが効をそうしてか、とにかく泊まれることになった。

わたしたちが通された部屋は、奥まった一室で、すぐのところに裏の出入口があり、そこがまた露地への出入口になっているようであった。二階の部屋の切炬燵の鉄鉢の尻が、ぽっかりと、わたしたちの部屋の天井に飛び出しておった。それがなんだか不安な気持にした。

Fさんに従うAさんは、夜行で新宿をたって茅野へ下車、わたしたちは朝の汽車で茅野へ向かい、茅野駅で、Aさんと落ちあったのである。

バスで一緒だった二組の元気な人々は、もうずっと先へ行って姿も見えない。新たに積もった雪道に靴のあとがきちんとついていた。地図の上で、一三九一メートルの記号のある別れ道の地点で、Fさんはもう写生をはじめた。わたしは道のへりの雪の上に腰をおろした。自分の頭よりも高くかさばったリュックをかついでいるAさんは、よほどいい場所を見つけないと腰もおろせないほどリュックが重い。立ったままピッケルに身体をささえて休んでいた。吹雪の切れ目から阿弥陀岳が見えた。岩肌に雪がくっついていた。なんとなく物すごさを感じさせた。

雪道が柳川に沿ってくだったところで柳川を渡った。橋を渡ると雪道は、大きく斜面を巻いて、高みへ登った。槻木《つきのき》からきた道と一緒になるあたりで、身軽いいでたちでくだってくる人に行きあった。その人は、一度わたしたちをやりすごした。わたしが思わず、その人をふりかえって見るのと同時に、その人もわたしたちの方へふりかえった。その人は、わたしを見ているのかと思ったら、Fさんの後姿を見ているのであった。

Fさんのリュックはかさばっていた。その上、写生の道具がリュックにくっつけてある。その人は、その写生の道具を見つけると、はじめて、声をかけてきた。それによると、その人は、赤岳鉱泉宿の主人であった。

赤岳鉱泉宿へは、前もって、Fさんからも手紙が出してあり、前に登ったMさんも、Fさんが写生に登山すると申し入れしてあった。赤岳鉱泉宿には、若い者が残してあり、赤岳を案内する青年もいるということを、くどくどと、その人が一人しゃべりにしゃべった。その人の妻君も、すたすたとくだってきて、自分たちが下山するので、御世話できないのが申し訳ないことだといいわけをいった。夫婦は、やがて、すたすたと里をめざしてくだって行った。

柳川の橋を渡るまでの雪道も、なかなかながかったが、橋を渡ってからも雪道はながかった。わたしに助かったことは、ゆるやかな登りであったことだ。それでも、リュックのあたる背中は、汗をぐっしょりかいた。

わたしたちが歩いている対岸は、阿弥陀岳から派生した尾根筋がゆるやかにくだっていて、それが、川岸では切りたった断崖だ。その断崖に雪がひっかかっていて、断崖のあちこちに、幕を張ったような、幅広いつららが青く光っていて、まことに物すごかった。

美濃戸の小屋は、雨戸をしめきって小屋番もいなかった。あけはなたれた一方の土間には、雪が吹たまって、それが、こちこちに凍っていた。そこへ重いリュックをおろして、三人は休んだ。リュックをはずすと、汗かいた背中が、ぞくぞくと寒かった。Fさんは、身軽になって、見上げるように身近になったごつい山容の阿弥陀岳を写生に、雪の上をあちこち歩いた。

美濃戸の小屋はかっこうな休み場だった。小屋を出て少し行くと、いままでの幅広い道がつきて、そこに飯場の小屋が雪に埋まって建っていた。煙突から弱々しい煙が立ちのぼっていた。小さな窓から若い男の顔がのぞき、わたしたちの方を見ていた。馬のいななきがふるえてきこえた。材木の運搬の溜まり場であるかもしれん、雪をかぶった材木が積み上げてあった。

飯場の横を通ってまっすぐ進むと、行者小屋へ行くのだそうな。わたしたちは、左へ雪道を登った。道ばたにシャクナゲが葉を巻いて、たくさん繁っていた。

深林のなかの雪道は、雪はかなり深かったが、よくふまれているので歩きよかった。深林の樹は、ツガとかモミとかだろう。登るにつれて、それが大木になって、あたりは、何にも眺められず、空も見えなかった。樹の上に積もっている雪が、風で落ちるのか、深林のなかには、粉雪がちらついていた。

何度か川を渡り、渡りかえした。もう赤岳鉱泉宿も近かろうというあたり、川のへりの雪道は、大きな岩の重なりの下を登った。リュックをのせて、腰をおろすのに手ごろな岩を見つけて、わたしとFさんは休んだ。重いリュックのAさんは、いくら若くて元気だといっても、雪道では難儀なことだ。わたしらよりははるかにおくれて、やっとわたしたちの休んでいる場所についた。ふうふういいながら手ごろな岩の上へリュックをのせ、休もうとしたが、その手ごろな岩というのが、岩でなく、すっぽり雪をかぶった灌木だったからたまらない。リュックもろとも身体が深い雪のなかへもぐりこんでしまった。Aさんは、落ちついたもので、のびたようなかっこうで、そのままそこで休みこんでしまった。

いざ出発となって、Aさんを雪のなかから引き出すのに苦労した。年が若いのでAさんは、やはり元気だ。ひと休みしたあとは、先頭をきって登って行った。

川の水が赤味を帯び、川床も、石も、赤さびであった。赤岳鉱泉から流れ出る鉄分のせいだとFさんがいった。川床の大小の石に雪が積もり、さらさらと流れる水は赤い。その様相はそのまま、新しい表現の絵画模様になっていて、しばらくFさんとわたしは見とれた。Aさんは、山の絵もかきたいと、写生帳も持ってきているくらいで、さかんにFさんから、写生の技法をおそわっていた。

一段と深い樹林の急な登りがつきたところに、赤岳鉱泉小屋が建っていた。小屋の人たちの住居と、別棟になっている浴室の間が登山者の通路になっていた。いつわかしたものか、浴室はからからにかわき凍って、ぞっと寒気がした。反対がわの住居の方は乱雑で足のふみ場もないありさま、雪道になれた眼で足さぐりで、住居の土間へはいった。

土間のストーブの前で暖まっていた小屋の人々や、先着の登山者が、さっとわたしたちの方へ眼を向けて、むかえてくれた。ストーブの前に割りこんで、Fさんは、登る途中に逢った小屋の主人らのことを話した。話はうまく通じた。ほっとしたFさんは笑顔を見せた。

二

赤岳鉱泉宿の小屋番の若い男と若い女は兄妹だろうか、それとも、若い夫婦者だろうか、わたしには、けんとうがつかなかった。それを気にやむと、Fさんが、わたしに「えらく気にしますな」といった。

その若い女の人から、わたしは、「おじさん大雪によく登ってきましたね」といわれた。そして、登山者の泊まる別棟の小屋へわたしたち三人を案内してくれた。

小屋の前のせまい庭は、わたしの腰のたかさまでも雪がつもっていた。通路はこちこちに凍っていた。通路のあたりの白い雪の上のあちこちには黄色い穴がたくさんできていた。ことに、登山者の泊まる方の小屋の入口の雪は、まっ黄色にそまっていて見るもきたならしいありさまだった。夜中に登山者の不精者がやったしわざだろうと思った。

小屋の玄関の内がわの敷居ぎわは、山靴の底につけたまま踏みこんだ雪がうずたかく凍りついていた。その上に乗ったわたしは、あやうくすべって、ころびそうになった。「おっとどっこい」と、後におった若いAさんが、わたしの身をささえてくれたので、わたしはころばなかった。小屋の若いAさんに、「おじさん」といわれたが、いわれるのも無理ないと思った。いくら若い気持で、冬山支度もいさましく、さっそうと振舞っているつもりでも、どこかに、老体のすきまがあるのだなと思うとさびしかった。

玄関の上りかまちに、腰をかけて、靴をぬごうとするのだが、うまく腰がまがらなく、腹のあたりがきゅうくつだ。靴の紐も凍りついていてこちこちだ。わたしは難儀して靴の紐をとき、やっと靴をぬいだ。

平地にある部落なみの建築よりも安っぽい小屋の造作はまことに粗末なもので、窓のガラス戸のすきまから吹きこんだ粉雪が、ガラス戸の桟に引っかかって、そのまま凍りつき、天井の板は、霜柱のように、白く凍っていた。部屋のすみには、登山者の荷物や、身体についてきた雪が散らばったまま、融けずに凍りついたままであった。部屋のなかの暖かさは外とたいして変わっていないようであった。

部屋の中央のこたつに、かまどのたき落しを、どっさりといれにきた若い女の人が、ふとんはすきなだけ使ってもいいといった。部屋のすみには、ふとんが、山のようにつみ重ねてあった。


Fさんとわたしは、食事は小屋にまかしてある。Aさんだけが自炊するのである。Fさんの副食物や、甘いものなどや、Aさん自身の食糧のはいったAさんのでっかいリュックから出して並べた食糧、それにFさん、わたしのリュックから出た食糧を、ずらりと並べたら、広い部屋にいっぱいあった。

Aさんは、さっそくラジュースに火をつけて、自炊の支度にかかった。わたしたちの晩飯は、かんたんに済んだ。Aさんのコッヘルのなかへわたしたちの残した飯をたたきこんで、ぞうすいの温かいのができて、Fさんも、わたしも、そのおすそわけを、ちょうだいした。小屋から出た晩飯よりうまかった。

リュックの上にくくりつけて、重そうにかつぎあげた一箱の密柑も、パイナップルのかんづめも、こちこちに凍っていた。それをこたつの火で温めて溶かして食った。自分一人の山歩きでは、とてもこんなものまでかつぎ歩けないので、何人かで歩く山はいいものだなと思った。ことに元気で若いAさんのような身体の達者な人と歩くのは、いいことだとFさんと話しあった。

晩飯のすんだところへ、明日赤岳へ案内してくれるという青年が部屋へはいってきた。まだ若い。もう十日も行者小屋を手伝って、雪山を歩いているのだそうである。親も気づかっているかもしれないので、東京へかえろうと、赤岳鉱泉小屋まで、くだったところだそうである。小屋番の人にたのんでおいた案内者の役目を引きうけて、東京へかえるのを、日のべしてくれたのである。山がすきで、ひまさえあれば山を歩いているのだそうである。話のようすでは、山以外ほとんど何にも考えられないというような青年で不精ひげがのび、青ざめた顔は、垢まぶれだった。行者小屋で、十日近くも、朝の顔も洗わなかったものにちがいない。青ざめた顔には、栄養の不足だろうと思うものが感じられた。それだけに、その青年がまったく山に夢中だと思われて、わたしは、感心したり、またいたましいとさえ思われた。

部屋の中央にあるこたつを中心にして、Fさん、Aさん、わたしの三人は、放射状に床をとってねた。ふとんの中へシュラフを入れて、その中へもぐりこんだ。足さきはこたつで温まるし、わたしたちは、気持よく、よくねむったようであった。

ほかの部屋でも、ラジュースを使って、朝飯をしているとみえて、その音が、ものすごくわたしたちの部屋まできこえてきた。わたしたちは、その音で目がさめた。外はまだ暗いらしいが、廊下を行き来する足音が騒がしくなった。ほかの部屋に泊まった連中のなかには、もう出発するものもあるらしかった。

朝飯もすんでわたしたちが赤岳へ向かって出発したのは、どの連中よりもいちばんあとであった。わたしはサブザックを持ってきていなかったので、小屋の人が貸してくれた。そのサブザックには、フエルト製のマークがついていた。よく見ると、中山峠云々の文字が、赤いフエルトの布切でつくってぬいつけてあった。

Fさんの絵の道具などは、若い案内者の青年が、軽く持った。A青年が先頭で、Fさん、わたし、案内者の青年の順で、雪の中のふみかたまった雪道を進んだ。雪道の両がわの林の木の枝は、一面に雪をかぶって、重く枝がしわっている。ぽたりと、枝の雪がおちる、かすかな音だが、静かなあたりに、音が高々とひびくように感じる。姿は見えぬが、羽音をたてて鳥が飛びさる。高くに見る立木につもった雪の形のおもしろさは、それが、そのまま、もう、彫刻である。Fさんと二人は、感じ入ってそれに見とれた。Fさんは、どういうものか、そうした局部的なものは、写生をしないようであった。

小屋を出て、少し進んだところの小流のそばのほんの少しの平地に、天幕を張った跡があった。昨日あたり天幕をたたんだものか、その跡はまだなまなましかった。その平地は、去年のこの頃、エーデルワイスの人々、女の人ばかりが、雪中野営の訓練をしに天幕を張った場所でもあったと、Fさんがそう話してくれた。

Fさんは、去年そのころ登ってきたのである。そして、エーデルワイスの女の人達と、話し合ったり、歩いたりしたのであるという。

その女の人たちは、一週間近くも、保存食やカンパンでやっていたので、米飯にかつえて、最後の日は赤岳鉱泉宿で、米飯のごちそうを食って、「やっぱりごはんはおいしい」といったそうである。そして天幕をたたんで山をくだったそうである。

Fさんは、たくましかった女の人の冬山訓練を思い出し、感嘆してそんなことをわたしたちに話してくれた。

急な登りでもないので、雪道はらくなものであった。それでも、中山の鞍部へ出るあたりは一寸《ちょっと》急であって、うす着になっている肌に汗をかいた。やはり元気な気でいても、こんなときになると、老体の正体を現わしたというものか。

中山の鞍部にたつと、行者小屋の建物をとりまく雪をかぶった木立がすぐそこに見おろせた。ま正面に雪がふっとんでごつごつした岩肌を見せた阿弥陀岳が、おっかぶさるようにきつく眺められた。その左よりの鞍部が、阿弥陀岳と中岳の鞍部で、あれへとりつくのだと、案内の青年がおしえた。

いままで、うす日がさして、阿弥陀岳の全部を見せていたが、あっと思うまに、雪風が、阿弥陀岳をものすごくおそって、阿弥陀岳は、雪風のうずのなかに見えなくなった。赤岳は、下の方だけ見せていた。いっこうに、雪風のうずはおさまらなかった。

わたしたちは、中山の鞍部で、立ったままひと休みした。立ち枯れが近くに幾本もあって、小さな鳥がきてとまった。わたしたちの休んでいる中山の鞍部にも、阿弥陀岳をおそった雪風の流れがきて、粉雪が、さっと、顔に強くあたった。

わたしたちは、声を合わせて、中山の鞍部から行者小屋目ざして一気にくだった。

行者小屋のあたりは、赤岳鉱泉のあたりよりも一層雪が深いようだった。雪の下に深い雪に埋もれて、行者小屋は建っていた。丸まった形の屋根を突きやぶって、細い煙突が出ていた。にぶく白い煙が立ちのぼっていた。ふりかえって見ると、中山の鞍部の上に横岳の一部の岩峰が奇怪なかっこうで眺められた。その岩峰は、何か宗教的なよびながあるのを、Fさんがいちいち説明してくれたが、わたしは、うんうんときいてすぐ忘れてしまった。

行者小屋には、わたしたちより先に登った人々が、お茶をのみながら休んでいた。バスで一緒だった二組のうちの二人組もそのなかにいた。昨夜は宿も赤岳鉱泉宿で一緒だったらしい。

案内の青年は、わたしたち三人を案内して赤岳へ登るのだが、天候はどうだろう、そんなことを、行者小屋の番人と話し合っていた。どちらかといえば、無口に近い話しぶりの行者小屋の番人は、太った身体をもてあますようにストーブに小さく割った薪を、ぽいぽいとなげこんだ。そして、山は達者なものだという身ぶりで、その青年に受け答えしていた。

三

雪をかぶった原始林のなかは、静まりかえっていた。歩く道は、ふみかためてあるので、歩きよかった。林のなかの雪は、腰までもぐる深さの雪のようだった。行者小屋の煙突の煙が、林のなかをかすかに流れていた。小屋の裏側の広場になった雪の上には、幾すじもスキーのあとがついていた。見たところ、滑れるほどの斜面ではないけれど、雪の山ともなれば、登山者はスキーをかつぎあげたものらしい。

周囲が岩壁で、その底に、静まりかえっている行者小屋のあたりは、穂高の涸沢圏谷に、よくにた地勢であるなと思った。行者小屋あたりは、深い原始林だから、歩いていても、広さや、幅を、そして、高度感がうすい。わたしはそんなことを感じながら、黙々としてゆるい登りの雪道を歩いた。

どこからともなく雪風が原始林の中を吹きぬけると、枝の雪のかたまりが、ぼたりと音もなくあちこちに落ちた。赤岳の石室へ通じているという道の雪は、あまり登らないらしく、二人三人のふみ跡の上には新しい粉雪が積もって、そのふみ跡の形を、ふんわりとくずしていた。石室への別れ道の木の枝にむすびつけられた赤い布の小切れが、印象的な目じるしであった。

森林限界をすぎると、急な登りになった。あたりには、ナナカマドのような木の枝が、雪の上に出ていた。その枝をよけたり、その枝につかまったりして、わたしは、元気な人たちの後についてのぼった。

阿弥陀岳から吹きおろす雪風が前方をかくしてしまう。上の方の雪の上に出た木の枝の向こうを、二、三人の人影が、見えたりかくれたりする。雪風にまざって、話し声がきこえてくるような気がした。

雪風のきれまから顔を出す赤岳も、阿弥陀岳も、岩肌に雪をこすりつけたように、見る目にもするどくついている。吹き荒れる雪風でその岩肌が見えがくれする。息のつまる景観だ。そこへ取りつかねば、登れんのかと思うと、わたしは、おじけついた緊張で、汗ばんだ身体の汗が、いっぺんに冷えて、ぞっと身ぶるいした。

中岳と阿弥陀岳の鞍部が、頭の上に乗っかかるほどの急な登りがつづいた。登り道の窪みの地勢には、雪が吹きたまっていて、雪もなかなか深かったが、ふみ跡だけは、かたくしまった雪で、八本爪の足元はしっかりと雪づらに食いこんだ。

中岳と阿弥陀岳の鞍部が、もう一息だというあたりの雪のなかで、ひと休みした。急な雪道のへりへ、段々を作って一人一人坐った。わたしは、坐りの具合をよくしようと、雪をふみつけた。とたんに、片方の足が、ふみつけてかたくなった雪のなかへ、すっぽりとはいって、なかなかぬけぬ、雪山支度の道具をつけた足は、雪のなかで引っかかるらしい。Aさんの手をかりて、やっと、雪のなかから足をぬき出したら、こんどは、片方の足に重みがかかって、その足を深い雪のなかに、すっぽり突っこんでしまった。

老体はあらそえぬものだ。それでなくても、運動神経のにぶい上に、雪山支度で、顔も手も足もなんとなく、不自由なことになっている。若い元気な人のように、機敏な動作ができない。元気な青年Aさんや案内役の青年はぼつぼつと荷厄介なものに感じはじめたかもしれん。

あせることもなく、落ちつきはらって歩を運ぶFさんは、ちょっとの休み時間でも、厚ぼったい手袋の不自由な手で、写生帳を取り出すのであった。Aさんがリュックから取り出して、皆んなに分配する食物さえ、わたしは不自由な手に受けとるのが、おっくうでしかたなかった。手袋をはめた不自由な指先で、かたく凍ったミカンの皮をむいた。中味の袋もこちこちに凍っていて、口に入れると、冷たくて歯にしみた。

中岳と阿弥陀岳の鞍部に、わたしたちがすがりつくように登りつめたときは、前からも後からも物すごい雪風が吹きまいて、荒れくるっていた。下の方から見えがくれしていた人影の人たちは、どの方角へ行ったものか、雪のなかの足あとは、雪風で消えていて、あとかたもなかった。

荒れくるう雪風の静まるのをわたしたちは鞍部でしばらく待つことにした。鞍部の南側の雪の斜面を、案内役の青年が、ピッケルで切り取って、一人一人がやっと坐れるほどの場所を作った。他の三人も手伝った。ふるうピッケルが、いっこう手ごたえのないたよりないもので、わたしは、そのとき、子供のころ遊んだいろはがるたのなかの一枚の「とうふにかすがい」の言葉がさっと頭にうかんだ。

わたしたちの坐った場所は、北側を背にしたので、その方の雪風はよけられたが、前から吹きつける南側の雪風は、まともに受けるのでまたたくまに、だれもが、雪だるまのように頭も、身体もまっ白になった。

休めば、なにか口に入れるものが配られる。Aさんがウイスキーのはいったボンボンを配ってくれた。たれもが物もいわずにそれを口に入れた。口に入れて、口を動かしただけで、ボンボンがぐじゃっとこわれて、甘い、そしてほんの少しのウイスキーの味が、とろりと流れてうまかった。

身体の皮膚の出た部分はどこにもない身支度をみんながした。そうした身支度をして、じっと、雪のなかに坐っているのだ。寒さ冷たさはそれほど感じないが、なんとなく動くのもおっくうで、物をいうのもいやなほど、頭がつかれ気味だ。雪風で身体がまっ白になったまま、じっと、前方を見ていると、前方にそびえる権現岳が、雪風のうずまく切れ目から、ものすごい岩肌で、高々と見えがくれしていたが、それがどうしたものか、頭がもうろうとして、眼がかすむような、その内、なにもかも、ぼうとして見えにくくなるような気持がしだした。

猛風雪のこの寒気では、おそらくマイナスの二十何度だろうと、案内役の青年がぽつりといったようだった。わたしは、二十何度という極寒の雪中に埋もれているということがひしひしと強く感じられた。気が遠くなるような気持だった。わたしはもうろうとして、眼が見えなくなったといったら、耳のそばで、雪眼鏡が凍ったのだと、案内役の青年がいった。

Fさんと、Aさんが、なにかもそもそ話し合っている声がきこえた。動かすのもおっくうな部厚い手袋の手を動かして、雪眼鏡をはずして内側を見ると、なんと驚いたことには顔にぴったりと食いついているはずの、ゴムわくに、すき間があったものか、粉雪がいっぱいつまり、眼鏡の内部で凍りついて見えなくなっていたのであった。

雪眼鏡をはずしてみると、Fさんも、Aさんも案内役の青年も、すぐそばの雪穴に坐っていた。よく見ると、みんなはく息が凍りついて、目出帽の口のあたりには、つららがさがっていた。手さぐりでさぐってみると、わたしの目出帽の口のあたりも、かちかちに凍っていた。

わたしは、極寒に荒れ狂う雪風の物すごさに、すっかりどぎもを抜かれて、物の判断がつかなくなっていたものらしい。物心ついたといっては大げさな話だが、そうと気がつくと、何かしゃんとした気持になった。雪眼鏡に凍りついた雪は、なかなかとれなかった。ピッケルの先で、けずりとろうとしたら、セルロイド眼鏡に、ひどくきずがついた。

わたしがもうろうとしている時でも、Fさんと、Aさんは、写生をしたり、写真をとったりしていたものらしい。Fさんの手には写生帳がにぎられていた。Aさんの手には、写真機がにぎられていた。

赤岳から尾根をぐっと下って再び権現岳へ登って行く、その高度差が、よく眺められて印象的だった。元気な山男たちはマイナス二十何度だという極寒を、それに向かって登っているかもしれんと思うと、意気地のない身ぶるいがした。見おろすと深い谷で、雪をかぶった林に日が当っていた。下界は、上天気なのだろうか。

頭の上の阿弥陀岳の岩肌に食いついた雪がさっと吹きとばされる。中岳の向こうに赤岳のものすごい岩肌が空いっぱいに広がっていて、そこだけは雪風が物すごく吹きつづいていて、赤岳は見えがくれした。

赤岳の岩肌を指さして、登る道順を案内役の青年がことこまかに説明してくれた。でも、中岳の突起を登り降りしなければ、赤岳の岩肌へとりつけないのだと思うと、わたしは、こりゃ大変なことだなと身が引きしまる思いだった。

吹きすさぶ雪風は止みそうもない。わたしたちは身支度して、赤岳頂上を目指すことにした。あるいは赤岳頂上の小屋泊まりかとFさんがひとり言をいった。

案内役の青年、わたし、Fさん、最後がAさんの順列で進んだ。一歩進んで、やせ尾根の南側の雪をわたしがふみしめたときだった。北側から吹き上げた猛烈な雪風が、やせ尾根を吹き越えて、わたしに強く吹きつけた。わたしは、さっと身がまえたが、足をすくわれるように、南側の急な斜面によろめいた。

四

中岳の鞍部から中岳へ向かって、少し進んだあたりのやせ尾根は、岩石がごつごつしていた。このあたりは、雪風が舞いくるうのか、やせ尾根の両がわに、雪が吹きたまっていて、わたしたちは、南がわの雪の斜面を歩いていた。そのときに、猛烈な雪風にあおられて、わたしが、ひとたまりもなく、南がわの深い谷底めがけて、投げだされそうによろめいたのである。そんなかっこうでよろめいたし、ちらと見た権現岳の姿も、さかさまに感じたようであったのに、不思議なことに、わたしの身体は、前と南がわにかたむいただけで、しゃんと足をふみしめていて、谷底めがけて、投げだされずにすんで、まったくほっとした。

わたしの前を進んでいた案内役の青年が、偶然ふりかえって、よろめいたわたしの姿を見て、どきりときもをひやしたらしい。わたしの後を進んでいたFさんもAさんも、一瞬きもをひやしたにちがいない。二人とも、棒だちの形のようだった。谷底へ投げだされそうで、投げだされもせず、無事であったのは、まったく、動物が身の危険を本能的に護《まも》るそれと同じ所作を、わたしが無意識のうちにやったものにちがいない。それは、ピッケルの石づきの方を、ぐさりと足元の雪につきさして、ぴたりと、自分の身体を受けとめさしていたのである。

運動神経が鈍いわたしに、よくもそんなうまい芸当ができたものよと思ったものの、まったくもって、気まりのわるい失策でもあって、わたしは、一人苦笑するよりほかなかった。

歩くのを中止して、案内役の青年は、FさんとAさんに向かって、これ以上登るのはよそうといいだした。もちろんそれは、わたしのような老人を引きつれてのこれからの雪と岩道の危険と難渋さに、責任を感じてのことであったが、Aさんと顔見合わせて、Aさんと二人きりなら、これしきの天候なら、苦もなくやれるものにと、残念そうな顔つきをしていた。わたしは、わたし一人のために、赤岳頂上へ登るのをやめようとする案内役の青年や、Fさんや、Aさんに、なんとなくすまない気持でいっぱいであったが、登るのなら、わたしは、まだ登れる自信と体力は充分あると信じていたが、よすならよすで、それもまた止むを得ないことだと、いたってのんき気にかまえていた。しかし、はらのなかでは、登らないで、このままくだることが心残りでもあった。

Fさんと、Aさんに、なにもかもまかせっきりの赤岳登山の計画では、万一にも時間がおそくなれば、赤岳の頂上小屋に、一泊しなくてはいけまいと予定されていたのであった。そんな考えから、登るにもいたってのんびりと、登ったものだから、そのまま赤岳へ登ったとしたら、かなりの時間をくい、とうぜん赤岳の頂上小屋泊まりになるほど、そのときの時間は、おそいものであった。

下山ときまったら、ひと休みもせずに下った。登るときは、汗をかきかき難渋した急な雪道も、なんのことはない、雪まみれになって、転ぶようにして下った。あっというまに行者小屋についた。登るときに見たと同じ姿勢のままの小屋番が、ストーブの前にうずくまっていた。暗がりに眼がなれてみると、部屋の片すみの炬燵に、バスで乗り合わせた背のたかい、そろいの黒のシャツを着た二人の青年が身体を丸めて、うずくまっていた。ことに背のたかい方の青年は、ときどき、右のほほや耳のあたりに、おずおずとした手つきで、手をあてては、ほほをいたわっていた。その青年の連れの青年が、わたしたちの方へ眼をくれながら、背のたかい青年の顔をのぞきこんでは、ぶつぶつと話し合っていた。

案内役の青年が、奥の台所へ入って、小屋番へ話しかけていたと思ったら、五つか六つの餅の切れと、大きな鉄鍋を持ち出してきた。鉄鍋には、小屋番の昼飯の食い残した汁物でも残っているらしく、鉄鍋をストーブにかけると、五つか六つの餅の切れを、ぽんぽんと投げこんだ。

Fさんと、Aさんと、わたしの三人は、かたくなったパンを出してかじった。Aさんがあたたかいココアをつくって、わたしたちに配った。

おそい昼飯が簡単にすむと、Fさんは、ひと仕事するんだといって、七ツ道具を持って、小屋の外へ出た。そんなことには、まったくなまけほうだいになまけているわたしは、雪でしめった手袋や、靴下や、目出帽や、下着などを、ストーブの上に張られた針金につるしなどして、ストーブで暖まっていた。

Aさんと連れだって、外へ出て見ると、Fさんは、小屋の上手の雪のなかへ画架をたてて、横岳から張り出している雪をかぶった宗教的な名のついている岩峰を、ぐっとにらんで足をふんまえていた。猛烈に吹きまくる雪風のなかに、その岩峰のあたりだけが、明るく開けているのが、ことに印象的で、Aさんもわたしも、しばらくみとれて立ちつくした。

行者小屋の建っているあたりの地勢が、なんとなく、穂高の涸沢の地勢とにているなと思った。涸沢をめぐる岩山と同じように、行者小屋の建っている地勢も、阿弥陀岳、赤岳、横岳、硫黄岳と岩山をめぐらしている。涸沢は、一面の岩石の原と、ハイマツだが、行者小屋の建っているあたりの底地には、すくすくとのびた針葉樹林が生い繁っている。それと、涸沢は氷河のあとだというのに対して、行者小屋の建っている地勢は、火口底だということだ。そんな説明を、Fさんは運ぶ画筆の手もとめずに語りつづけた。

行者小屋の裏手にあたる、立木の開けたあたりの雪の上には、スキーのすべったあとが、縦横についていた。このあたりまでスキーをかつぎあげて、このちょっとした広場を利用して、さっと滑って、さっとくだったものだろうか、あたりにそれらしい人影は見えなかった。

行者小屋の炬燵にうずくまっている背のたかい方の青年は、ほほと耳たぶをかるい凍傷にやられているのであった。ほほも耳たぶも赤みをおびた水泡になり、それが破れて水がたれ、見る眼にもいたましいありさまだった。

二人の青年は、昨日バスを下りると、さっさと元気に、さきへ進んで行ったのだった。そのときも、若い人にはかなわんと、Fさんと話しあって、わたしたちは、もたもたと歩いたのだった。

赤岳鉱泉宿に泊まって、その背がたかくて元気な二人の青年は泊まっているようすがないので、行者小屋まで登ったかと思っていたのであった。

あとでわかったことには、二人の青年は、赤岳鉱泉宿はすっとばし、夕方になって、行者小屋へつき、ひとやすみすると、赤岳の石室めざして出発したのだそうだ。そういう予定は、はじめからしていたのだろうに、驚いたことに、雪山支度を、充分にしていなかったらしい。たとえば、寝袋が二人にひとつであったり、暖をとるための必要品が不足したりで、石室に泊まった夜は一睡もできず、極寒に夜通し苦しんだというのである。横になって寝ている上側のほほが、やられたのだそうである。

その軽い凍傷の手当もせずに、今日の一日を赤岳頂上を乗り越え、阿弥陀岳の頂上をやり、そのまま行者小屋にくだらずに、元きた道を引きかえして、石室から行者小屋へくだったのだそうである。

わたしたちが、中岳の鞍部でもたついていたころには、二人の青年は、すでに阿弥陀岳をやって赤岳へ引きかえしたあとだったらしい。登るとき雪風のなかにちらりと、見上げられた人影というのは、その二人の青年の姿だったにちがいない。

その青年たちのいうところによると、阿弥陀岳の頂上は晴れわたり、ぽかぽかと昼寝でもしたいような暖かさであったそうな。中岳の鞍部で、わたしたちが猛烈な雪風にもたもたしていたことを話しても、それはまるででたらめをいっているようで、まことに具合のわるい話であった。

しかし、極寒であったことは事実で、わたしたちが、万一赤岳でおそくなったら頂上小屋で一泊しようと、予定していたその頂上小屋は、南極なみの極寒にとてもたまらなくなって、朝のうちに小屋を釘づけにして、小屋番は頂上をくだり、行者小屋で一服して、里へくだってしまったのだそうである。

わたしたちは、まったくほっとした。あのときに無理をして、赤岳へ登っていたら、ひどいめにあうとこだった。東京へかえってから知ったのだが、関東地方にも、大寒波がおしよせて、東京もたまらない寒さであったそうな。

五

東京でさえ大寒波でふるえたというのだから、八ガ岳の頂上あたりが、南極なみの極寒になるのは当り前のことだ。わたしたちは、行者小屋のでっぷりふとった小屋番からの話をきいて、いまさらのように驚き、急に背すじが、ぞくぞくとしてきたものだ。

行者小屋の小屋番のいうには、青年の耳たぶや、ほほの凍傷は、初期のもので、それが紫色になり黒ずんできたら大変だが、赤味をおびた色あいのものは、早いとこ手当をすれば傷あとも残らんぐらいだと話していた。

案内役の青年は、うまそうに手作りのぞうにを食いながら、小屋番と話しこんでいた。その話のあいまに、でっぷりふとった小屋番が、無愛想な顔つきで、ちらりとわたしの方を、ときどき見た。どうも二人の話は、中岳の鞍部で、老体のわたしが、意気地なくもたついた一件のようであった。わたしは、ぬすみきいてしらん顔をしておった。

全身黄色ずくめ、リュックも黄色という背のたかい男と、もう一人の若い登山者とが、勢いこんで、小屋のなかへ飛びこむようにはいってきた。黄色ずくめの男の手には、小型撮影機がぶらさがっていた。

黄色ずくめの男は、でっぷりふとった小屋番と顔があうと、息をはずませて、前にきたときは、やっかいになったものだという意味あいの、あいさつをくどくどとした。でっぷりふとった小屋番は、あっけにとられたような、ぽかんとした顔を少しにこつかせて、しどろもどろのあいさつをしていた。小屋番にしてみれば、あまりはっきりとしたきおくが黄色ずくめの男にないらしく、うまく話の辻つまを合わせたというあいさつのしかたのようであった。

でっぷりふとった小屋番にしてみれば、毎日相手かわれど、主かわらずで、一人一人の登山者の顔などきおくにないにちがいない。登山者の方では、自分は、とくに小屋番とは親しいのだと思いたいのだろうし、ほかの登山者へそう見せかけることによって、一種の優越感にひたろうとするのだろうけれど、それを、はたから見たりきいたりしていると、まことにもって、きざなもので不愉快だった。

ひとり話の黄色ずくめの男のはなしをきいていると、白黒の八ガ岳の写真を撮りつくし、カラーでもやった。もうそれらは飽きたから、いまはさかんに、小型撮影機をふりまわしているという。どうもそんな意味あいの一人ばなしであった。一人で、しゃべりまくると、連れの男と連れだって、阿弥陀岳を撮りに行くのだといって、いそいそと、身軽い足どりで小屋の外へ出ていった。

雪でしめったものも、完全にはかわかなかったが、わたしたちは、半がわきのものので、身仕度をして、行者小屋を出て、赤岳鉱泉宿へくだった。くだる途中で、欲のでたFさんは、もう一枚描くのだといって雪の中へ画架をたてた。そうしたことは、わたしには、なかなかできんことで、わたしのもつものぐさな性格がちょっとなさけなかった。時間がかかるというので、Aさんと、わたしは、雪のなかへFさんを一人残して、さきに下ることにした。正月休みのあとだけに、登山者もめっきりへっているし、夕方前のことではあるし、赤岳鉱泉宿は小屋番の人たちの住む小屋の方だけ人の気配がして、登山者の泊まる方の小屋は、しんかんとして物音一つしなかった。

Aさんとわたしとは、極寒の赤岳をやって下山したとでも思えそうな、さっそうとした身のこなしかたで、小屋番の住む小屋に入ったものだ。妻君とも妹さんとも見分けのつかぬ女の人が、あいそよくむかえてくれ、山は大変だったろうと、ねぎらってくれた。赤岳頂上の様子を女の人にきかれても、わたしは、まことにあいまいな、どっちつかずの返事をしておいた。

Aさんが、Fさんのかえりがおそいから、むかえに行くという。それには、わかんの練習もしておくんだといって、足にわかんをくりつけた。そんならわたしもわかんをはこうということになって、わたしもわかんを足にくくりつけた。

わたしがわかんを足にくくりつけたのは、戦後はじめてで、何十年ぶりかで足にくくりつけた新品のわかんを見て、なんとなく照れくさいようなものを感じた。

雪のなかで、わかんというものは、歩くのに具合のわるいものだと話しながら、Aさんともたついているとき、上の方から、Fさんが、わたしたちより一足おくれて、行者小屋を出た案内役の青年をしたがえて、くだってきた。案内役の青年は、Fさんの画架と、カンバスをさげていた。

小屋番の住む小屋のストーブは暖かく燃えていた。案内役の青年は山支度をほどきながら、今日一日の様子を、女の人に話していた。当然ここでも、中岳の鞍部でわたしがもたもたしたので、赤岳頂上へ登るのは止めてくだったのだという一件の話が中心になったようだった。女の人は、山の装備だけは、一人前だのに、といって、わたしの方を見ておかしな笑いかたをした。その笑いかたには、からかいの意味があるのだけれど、うす暗い小屋の中で見る女の人の笑顔には、愛きょうがあって、素朴な美しさを感じた。

晴れたいい天気だった。赤岳鉱泉宿を出たのは、まだ早い時間だった。谷底の赤岳鉱泉宿あたりは、まだ日もささず、そよとも風のない静かさだった。硫黄岳へ登るのである。Aさん、わたし、Fさんの順で歩いた。赤岳鉱泉宿の裏手の細い道は、針葉樹林のなかへ通じていた。小さな流れを渡ると、ゆるい登りが樹林のなかにつづいた。やがて胸をつくような急な登りになった。樹林はどこまでもつづいていた。

樹林のなかの登り道は、深い雪をふみかためていたが、こちこちに凍っているわけでなく、ふまれた道の雪はやわらかかった。

まったくひどい垂直に近い登り道がしばらくつづいた。そこでは、八本爪のアイゼンが役にたたない。わたしたちは、木の幹につかまり、木の枝にすがって、足元を浮かすようにして、からだをつり上げて登った。垂直に近い登りがおわると、そこが峰の松目というちょっとかわった名前の山の頂上へ行く道と、夏沢鉱泉へくだるふみあとのある分れ道で、わたしたちの行く道は、そこで、直角に右へ進んで行った。

細目の立木のなかは、平地になっていて、雪道は、左へ右へと、こまかくまがって進んでいた。細目の木立のなかの木の枝に、赤い布切れがところどころむすびつけてあって、進む方向の目じるしになった。

樹林帯を抜けると、そこにちょっとした雪の吹きだまりがあった。わたしたちはそこでひと息入れた。硫黄岳の頂上ももうまじかの地点だから、北側の晴れた空から強い風が吹いていた。ま南に阿弥陀岳が眺められた。赤岳も横岳も、前の日の荒れ狂ったことなど、けろりと忘れたように、青空に並んでいた。その青空にちぎれ雲が飛んでいた。身をちぢこめたくなる寒々としたちぎれ雲だった。木立がじゃまになって、北の方は木の枝をすかして天狗岳がまじかに眺められた。

雪の吹きだまりの場所から少し進んだあたりが森林限界だなと思われた。立木がなくなり雪の上にシャクナゲの枝が出ていたり、ハイマツも見えたようである。わたしたちが進む道は尾根筋を少しはなれて、北側にできている雪を吹きよせてできた雪柵の雪にアイゼンの爪が気持よく食いこんで歩きよかった。

北側の蓼科山、霧ガ峰あたりの雪山はよく眺められたが、吹雪のけはいがあるのか、遠くの山々は、気味わるい黒雲におおわれて、見えなかった。天狗岳の右と左の丸味のあるこぶは白一色で、ほかの色はみじんもなかった。天狗岳の右の方の途方もなく広い深い森林も、なにかこう、どことなく沈んでゆくような深さのある白一色で、眺めていて息のつまる思いがした。

天狗岳の右のはずれあたりが、一部断崖になっているのか、まっ白い風景のなかに、その断崖の一部分が、黒々とした調子をつけていて、印象的であった。天狗岳の手前の広い森林は、ことに印象深かった。たぶん針葉樹だろうが、立木の型と太さが全部同じで、からかさのすぼめたものをずらりと平地に並べ、それに雪がふりつもったという型のものだ。その型には、何んとか名前がついているときかされたが忘れた。その雪をかぶった林の手前に夏沢峠の雪道が一本線を引いたように光って見えた。

六

北の天狗岳の方から吹いてくる強い風は、山肌の雪を吹きとばしていた。硫黄岳の頂上の、ひとつ手前のもり上った山肌の北がわには、厚く雪が吹きつけられ、凍りついていたので、そのこちこちに凍りついた雪の上は、歩くのに具合よかった。

赤岳鉱泉から峰の松目への分れ道までの、林のなかの急な雪の坂道は、まるで胸をつくような坂道で、アイゼンをつけた足も、雪がくずれて登りにくくて、まったく難儀した。その坂道で、誰もがもたついて疲れた。峰の松目の分れ道からの道は、稜線の林のなかを、ゆるく右へ左へと、深々とした雪の上のふみあとをたどった。

わたしは急な登りでかなり疲れたが、稜線の林のなかのゆるい道でも、元気な人たちにおくれまいと、歩いたものだから、頂上をまじかにして、足元がもたつくほど、ひどく疲れがどっと出た。

Fさんが、写真をとったり、スケッチしたりして、そのあたりを歩きまわってくれるのは、わたしにとって、大助りだった。雪の上に疲れた足をなげ出して、わたしは休んだ。晴れた空に、黒味をおびた雲が早足で流れ、遠くのアルプス方面は、眺められなかったが、近くの天狗岳の左右のこぶが、まっ白に雪をかぶって眺められた。その手前の広々とした樹林帯もまっ白で、よく見ると、その樹木の一本一本が、同じ形に雪をかぶっていた。その雪をかぶった樹木の形に、おもしろい名前がつけられている。それを、Fさんがおしえてくれたが、なんという名前だったか思い出せない。

天狗岳の手前の雪の樹林帯のなかを、はっきりと、ひときわ目だつ雪道が通じている。左へくだった林のなかに、ぽつんと小屋がひと棟見えた。夏沢鉱泉だろうか、ひとすじの雪道は、夏沢峠道だと、すぐに気づいた。夏沢峠は、戦前のころから一度越してみたいと思っていた峠だった。いまだにそれを果さないでいるのだが、はからずも、峠道をま上から眺めおろすことができて、ただなんとなく晴々とした気持になった。

わたしたちが休んだ場所をすぎると、いくぶん下り気味になって、そこの雪の上に、夏沢峠道へ通じるふみあとが、くだっているのがわかった。あたりは、硫黄岳の手前の鞍部で、右がわは、ものすごい雪びさしになっていた。その上にかたく凍ったアイゼンのふみあとが、たくさんついていた。Fさんは、その上を歩くんじゃないと、強く注意した。青年Aさんもわたしも、Fさんの注意を守っていとも神妙に黙々として歩いた。

いく日かたってから、Fさんのうつした写真が青年Aさんによって届けられた。見ると、そのなかの一枚に、鞍部のこのあたりを、青年Aさんが先になり、その後にわたしがついて歩いているのがあった。Aさんは、実物も長身なんであるが、写真では、それがひときわ目立って、足長ノッポ、尻あての毛皮がちょっぴりついたかっこう。そのあとにせいのひくいずんぐり男のわたしが、よたよたとついて歩いている。その二人の歩く姿のとり合わせがおかしなものだと、わたしの長女がいち早く見つけ出して、その写真の一枚をわたしの家族に見せてしまったものだ。みれば、なるほどおかしな二人の姿の写真ではあった。

硫黄岳のとっつきは、ごつごつした岩の重なりだった。その岩のあいだをくぐりぬけては登り進んだ。岩のあいだに吹きたまった雪はどの岩のあいだも、アイゼンの爪あとで乱れていた。

先きに進む青年Aさんが、進むふみあとをどこで取りちがえたものか、わたしたちは、小さな岩壁にぶつかってしまった。岩壁のすそには、せまいひだがあって、乱れたアイゼンのあともあるにはあるが、さきの安全地帯へ乗っ越すには、ひと苦労する場所だった。青年Aさんは、なんの苦もなく、そのむずかしい場所を通りこした。そのむずかしい場所というのは、岩壁の中ほど、ほんの一尺か二尺のあいだなのである。そこにほんのすこし岩が出ばっていて、通りにくいのである。たとえば、わたしは、腹が出ばっているので、岩壁をかかえるようにして、身体を岩にすりつけて、進んでも、出ばった岩壁のところでは、身体の重心がくるってしまい岩壁をすべり落ちそうである。

いま考えても、ぞっとするが、Fさんに身体をおさえつけてもらい、足の力をぬいて、指先で岩の割れ目をしっかりつかまえて、岩壁の出っぱりを、ひらっと乗りこしたように、思い出すが、しかし下に落ちても、大した高さでなかったのはたしかである。通りこしてほっとして、上を見上げると、青年Aさんは上の方で一人ぽつんと立っていた。Fさんはなれたもので、なんの苦もなく岩壁のむずかしい場所を通りこした。Aさんがむずかしいところを通るもんだからひどく苦労したとひとりごとをFさんがいった。

火山岩の小石をしきつめた硫黄岳の頂上は、平べったい広場になっていた。強い風が吹きまくるので、かすれた雪が、小石のあいだに残っているくらいで、そこは、小石の原といったありさまであった。

自動雨量計の設備だろうか。風のあたらぬ片方だけに雪を積もらして小さい建物があった。そこの風のあたらぬ場所へ腰を下して三人は休んだ。休んでいるうちに、ひどく冷えこんできた。Fさんの命令で、冷えないようにと、サブザックからジャケツなど取り出して、身仕度をした。

日はかんかん照っているのだが、きらきらと、粉雪が舞って、足をぐんとふんまえないと、ふっとばされそうな、強い風が吹きつづけた。

Fさんは、その強い風のなかでも写真とスケッチをつづけていた。しかしさすがに油絵のスケッチは、とてもやれないと、広げた道具をしまいこんだ。

わたしたちよりひと足さきに赤岳鉱泉を出た二人の青年は、硫黄岳の頂上をすぎて、すでに横岳へ向かっていた。その二人の青年の姿が、雪の上に散らばった黒々とした岩と岩とのあいだの雪道を蟻のはうようにのろのろと進んでいるのが、はっきりと眺められた。

青年Aさんとわたしは、硫黄岳の火口べりにおずおずと進んで見た。切りたった火口壁の断崖には、雪がところどころへばりついていて、赤黒い断崖をのぞきこむのが、おそろしいもののようであった。強い風が、火口の底から吹き上げた。どこが頂上ともつかみどころのない硫黄岳の頂上は、強い風で荒れ狂っているが、火口の底はねむったような物しずかさに眺めおろせた。その静かなあたりの林のなかに本沢温泉の建物が見おろせた。

聖山

国鉄篠ノ井線、麻績《おみ》駅の北に当って、少し西よりに、標高わずか一四四七・三メートルの聖山がある。麻績村の町並へせまっている一〇二二・二メートルの山が邪魔になって、聖山《ひじり》は駅前から眺められない。また、何度も篠ノ井線を利用しているのに、列車から聖山を眺めた記憶もない。列車からも見えぬのかもしれん。山へ行く人にとっては、篠ノ井線は中途半んぱな線かも知れぬ。北アルプスへの山行きなら、松本から入ってしまうし、信越線を利用する山なら篠ノ井線は通らない。関東地方の登山者は聖山など、わざわざ登るほどのこともないと、見捨てられたありさまの山のようである。

わたしが、聖山を知ったのは、三十年ぐらいも前のことになる。当時麻績の駅前の旧家、すでに故人になった当時の主人が民芸品的な仕事を家業としていた関係もあって、つい知るようになった。その人が上京すれば、わたしの住居に立ちより、わたしが長野県の山を歩けば、その人の家へ立ち廻るというあんばいで、麻績村へはたびたび行った。行けば聖山へも、つい登ったのであった。

聖山という山の名前からは、清潔で神秘的なひびきが、強く感じられたりする。聖山を眺めたり、登ったりしてみても、いっこうに山の名前にふさわしいものが見あたらない。山の相ぼうは、頂上が東西に延びた細長い草原になっている。見晴しは素晴らしいものである。山全体を眺めても、ところどころに雑木林のかたまりがあって、外の部分は草山である。聖山とは不思議な山の名前をつけたものだと思う。

深林があり、渓谷がありなどという複雑さ、まったくどこにもない山である。見るからに山全体が、のっぺらぼうの単純な姿の山である。不思議とわたしは、そういう山でありながら、聖山という山の名前から受とる清潔な感じに魅力があるように思う。そうしたところに、山そのものに性格があるものなら、聖山はのっぺらぼうな性格むき出しである。

どこの山にも伝説めいた物語りがつきものだが、聖山も少しはそうした伝説や、出来ごとのいい伝えもあるようなこと、民芸品的な仕事を家業としていた当時の主人からきいたこともあるが、わたしがきいたのが、既に昔のことで覚えてもいない。

聖山の北側の山中に昔から続く古いお寺、高峰寺がある。ずっと昔、お寺を開いたとかの坊さんは、なかなかの傑物《けつぶつ》だったそうである。その坊さんの徳を慕って、のちのちの人が聖山と呼ぶようになったのかも知れん。

頂上の細長い草原が、東に延びて終ったところの鞍部が、聖峠である。稜線は草山になったり、雑木林の深林になったり、猿ガ馬場峠、一本松峠、姥捨山へ続いている。猿ガ馬場峠の高原状の起伏の場所は、最近のありさまでは、業者が目をつけ、観光開発が押し進められている。あんな場所がと思うのであるがこれも、流行の観光ブームのせいであろうか。

聖峠は一〇〇〇メートルを出る標高の峠である。こん日の村人はほとんど利用しないようである。昔の人は、麻績村から、高峰寺の方の村へ峠越えしたものであろう。ほとんど廃道に近いが、春秋の季節に村人が弁当をもって一日の行楽を、聖山へ登ったりするのに、聖峠を利用するぐらいなもののようである。

麻績村一帯は、冬はかなり厳しい。雪もつもる。聖山は、ことに雪が深い。大雪の聖峠を北側から南側の麻績村へ、峠越えしていた老人が麻績村側へ下る途中で凍死した話などは、それほど昔の話ではない。明治中期のことのようである。興味のある話が、少なすぎるような聖山だけれど、さぐれば、また、いくらかの出来ごとの話があるようでもあるが、無精者の上に、そうしたことを村人からきき出したりすることには、わたしはあんまり興味の持合わせがない方だから、村人が話すのをきくだけのことである。

麻績村の民芸品的な仕事を家業にしている主人を、正月に訪ねたことがある。当時その人は、和紙の生産なども指導していた。聖山の南側の中腹のゆるい斜面に日向村の農家が密集している。冬の間だけ、その村は和紙の生産である。和紙の原料はもちろん、他県から取りよせてのことであるが、ほとんど全部の農家が和紙作りであった。

山上の村だから、水田はあまりない。畑作にしても貧弱なありさまで、冬の間の和紙の生産の収入は、農家にとって貴重なもののようであった。

正月のことであるし、村人へ正月の挨拶かたがた、主人が山の中腹の村へ出かけるという。主人に連れられて、わたしも和紙作りのありさまを見に行ったものであ

る。麻績の家並みを出はずれると、すぐ、山への登りになった。登りの山にも、道にも雪が深かった。小さな峠や、右へ左への曲り道は、雑木林の中を通っていた。

雪に埋まった少しばかりの水田地帯へ、ぽっかりと雑木林の中の道から飛び出したありさまの眼前に、眠ったように、物音一つせぬ農家が密集していた。その密集した農家を胸に抱きかかえるあんばいに、一面雪におおわれた幅が広くて、ボリュームのある山が見上げられた。はじめて眺めた聖山であった。

屈折のまったくない山であった。幅広い白い幕を引っ張った山の相ぼうは、もう、わたしは神秘的といおうか、いま思い出してみても、表わす言葉も見当らぬほどの印象的なものであった。幕を引っ張ったと書いたけれど、雪におおわれた山頂の直下。左の方に少しの森林と、林の上部に、断崖が黒ぐろと一つの点となって眺められた。その点景は、のっぺらぼうの引っ張った大きな白い幕の単調さを、ぴんと引き締めるあんばいの眺めであった。村人は、毎日眺め尽していて、何んの感懐もわかないことだろうけれど、雑木林から出て、瞬時に眼球に飛びこんだ山の神秘さに、昔の人の名づけた聖山の山の名前は、まことに穿ったものであるなとわたしは、まったく聖山の山容が、肝に銘じたものであった。

雪の聖山をはじめて眺め、無しょうに登りたくなり、一人になって登った。そのころはまだ冬山登山、雪山登山など、スキーを利用しての登山はあったけれど、歩いての登山など、まだ装備も完全ではなかったころで、わたしなど冬山の支度など知らぬ時代のことである。わたしは、冬着に単靴であった。それでも、はいていた靴下を、こっぽりと、靴の上へはきかえたり工夫はした。

登るにつれて、雪がふかくなり、腰のあたりまでもぐった。体を打ちつけて雪の中を漕ぎ登った。やっと、雑木林と断崖の下までたどりついた。それからの登りは、断崖の中ほどを、斜めにへずり登らねば、山頂へ出られんことがわかったので、登るのを止めて、山を下った。下るとき、曲り道を直線に下ろうとして、深い雪の中を漕いだら、夏場なら、野ばらなどのかん木帯だったろう、一面の棘の中へ入り、村人に見られては、気まりのわるいありさまに、ズボンを八つ裂きにしてしまったものだった。

秋のころにはたびたび麻績村へ行った。聖山を取りまく山ろくの小山は、赤松林が多くて、マツタケが出る。マツタケの出る土地の土質の場所には、ところどころ雑草も育たないはげ地がある。はげ地には、赤松のこしくれ物が育っている。赤松の盆栽になるのをさがすにはもってこいの場所である。赤松の盆栽を作っている村の老人が、赤松の盆栽は日本でも長野県のが一番よい。長野県でも麻績の赤松が、飛びぬけてよい、と自慢話をわたしにしたが、その老人がいうほどのこともない。どこにもある赤松と同じものだと、わたしは見たものだ。わたしには、盆栽や、赤松をみる目がなかったわけである。

聖峠へ向かう麻績村のはずれに法善寺というお寺がある。東京の大学も出た坊さん住職である。いまも健在であろうか、当時坊さん、俳句に凝って盛んなものであった。長野市の古道具屋に並んでいた張りまぜの枕屏風から芭蕉の短冊を掘り出し、それが、本物と鑑定されて有頂天になってよろこんだものだ。当時、村人の中で有名な話であった。

坊平の集落を通りすぎると、いよいよ山道にかかる。少しばかりの畑と荒地がずっとつづく、その辺である。盆栽仕立になるという赤松の育っているのは、雑木林の中を登るようになる。カラマツの大木に、山ブドーが紫の黒ずんだ色の実を、いっぱい付けて、枝から枝へ巻きついていた。ブドー酒の原料に上等だけれど、醸造法にふれるものだから、村の人も採集しないのだろう。おしいことであるなと思ったものだ。

急な登りになって、道は左へ右へと曲がりくねって登った。あたりは、明るい灌木帯であった。聖峠の頂上は、登りつくと北へ向かって下って行くありさまのものであって、取り立てていうほどのこともなかった。

しかし、極く最近まで、聖峠を中心に、かすみあみが盛んなことであったという。渡鳥が聖山に見当つけて飛んでくるありさまが、丁度、峠のあたり工合がよいのであろう。

聖峠を北へまっすぐ行かず、左へ登ると、聖山の山頂の草である。秋の草花が咲いていたのだろうが、まったく記憶にない。登りの道々、木の葉の見ごとな紅葉は、はっきりと覚えている。一緒に登った主人の人と、わかくして亡くなり、すでに故人になっているその人の娘さんら、和紙の中に模様として漉《す》きこむ紅葉したさまざまな木のはっ葉を、道みち、ちぎりとっては登ったものだから。

山頂の草原は、南北に幅がせまい。東西に長々と延びている。山頂からの眺めは、四方、八方さえぎるものもないありさまである。草原のどこかに、ラン科のアツモリ草があるはず。わたしは、それを、人からきいていたのであるが、山頂の乾燥した地帯に育つものだろうかと思ったりした。

東から西の端まで長々と延びているといっても、せいぜい三〇〇〇メートルぐらいなものであろうか、ぶらりぶらり歩いても、西の端へたちどころにたどりつくありさまである。わたしたちは、それを時間をかけてぶらついた。下りの道は西よりである。草原が終ろうとする少し手前の崖っぷちに、何んというユリか知らんが、姫ユリに似たのが、小さい形で咲いていた。まったく、おそ咲きである。下り道は、その姫ユリに似た花の咲いているそばの崖っぷちから、以前、雪の頃登ったとき、ちゃんと見とどけておいた断崖の中ほどを、斜めにへずり下るありさまだった。

断崖をへずり下った場所は、そこだけかたまった雑木林であった。林の中ほどに、清水が湧き出るところがあった。秋の日和では水の湧くのも無理なことで、水溜まりの場所はからからに干上がっていた。雑木林の枝から枝へアケビの蔓が巻きつき、一寸《ちょっと》気持のわるい色合のアケビの実が、やたらについていた。すでにじゅくしてひび破れて、中の実をのぞかせているのもあった。外皮の色合は、皮膚病を思わすが、裏皮は純白である。ひとかたまりについた中味の実も、一寸食欲をそそるあんばいだった。

アケビの味というものは、好事家、茶人の好みにあうもので、食味するというよ
り観賞を主にする山野の自然のものである。味は甘ったるくて、甘味な部分は少な
くて、種ばかり、口の中が、くしゃくしゃしてどうにもならん。甘いところをしゃ
ぶり取ったら、口の中に残った種は、ぱっと、はき飛ばすぐらいなものである。

またある冬に麻績村へ行ったものだ。またその時も聖山の眺められるあたりを歩
きまわった。どうも、聖山は、登って草原を歩きまわる興味よりも、山ろくで、眺
めまわした方が、はるかに山の趣きが深そうにもとれそうであるが、そういう山が、
あってもいいのじゃなかろうか。

わたしは、そのときは、聖山に連なる猿ガ馬場峠へ登ってみた。登りついたとこ
ろに、灌漑用のすばらしい池の周辺の山を埋めていて、素晴らしい場所であった。
雪が深くて池の周囲をまわって見ることはできなかった。こん日業者が、観光地と
して開発しているあんばいであるが、当時の猿ガ馬場峠は、不便なもので、麓の村

から曲りくねった山道を登ったありさまであった。村の人ら、昔の猿ガ馬場峠を偲び、こん日のありさま、どんな気持で眺めていることであろう。

もと登った道を下って、途中から一本松峠へ出る道へ入った。山の土手っ腹の横道を歩いた。聖山の方は、山腹にさえぎられて見えないけれど、姥捨山《おばすて》が目の前に眺められ、その向こうに菅平の雪原が大きく眺められたものだ。胸のすく思いであった。

一本松峠あたりから山の中の道は平坦な道がずっと続いた。氷の張った池が左側に見下ろせた。林の中で、騒がしく鳥が鳴いた。深い雪道は踏みかためてあり、そこを、村人が薪を引いて姥捨の村の方へ行った。

姥捨の駅が目の下に見下ろせる所へ出た。田毎《たごと》の月の名所、小さい雪の積もった水田が足元から下の方へ向かって、石段のように積み重なって続いていた。まったく、それ自体工芸品のありさまだった。

千曲川の流れが、上流から下流へと手のとどくありさまに眺められ、信州平の平地一帯霞んでいた。下って行って、下に見える村や町を通りすぎて、千曲川に架かる大橋を渡れば、すでに故人となった知人の住む須坂の町は、すぐそこのように思われた。そう思うとわたしは、前後の考えも忘れ、見下ろす下の方の村を目がけて、姥捨の田毎の月の水田のわきの坂道を、滑り下った。無一文に近かったので、須坂まで歩いた。須坂の知人の家へたどりついたのは、夜中の十二時もとっくに過ぎていた。

聖山を見るといって出て行って、夜の夜中になっても帰ってこない。麻績村の家では、雪の聖山へ登って、行きだおれにでもなったかと大騒ぎしたというのである。須坂へきておるという連絡が、もう一日おくれたら、警察ざたになり、村の消防団で山さがしする手はずしてあったありさまである。わたしにとっては、まことに聖山は思いの深い山である。

四国の山　1957年

冬の石鎚をゆく

一

　松山から、付け替え工事で新装なった桜三里の舗装路を、わたしたち五人の者を運ぶ民間放送の大型自動車は、まるで滑るように突っ走った。小松の町を過ぎて、西条市氷見から山へかかった。幅せまい道路は曲りくねった峠越えである。一つの難路である黒瀬峠を越えると、前方がはるかに開け、整った山容の竜王山（一三五九・三）が目の前にあり、目の下に加茂川の湾曲した流れがあった。

　ほとんど勾配の無い加茂川に沿う道路のわきには、行く先ざき人家の集落があった。両岸の山容が押しせまって、断崖の二カ所のトンネルを抜けると橋を渡った。石鎚山《いしづち》（一九八一）を中心にして、東側、西側の谷だにの水を集めて流れ出る二筋の加茂川、渡った橋は東側の加茂川がまさに西側の加茂川と合流する手前である。橋を渡ってすぐのところ、西側の加茂川の断崖に付けられた道路をはさんで寒ざむと宿屋が何軒か建ち並んでいた。

橋を渡った取っ付きの宿屋で、わたし達はリュックを下ろすと、自動車は何ごともなかったようなありさまで、もと来た道へと即座に引き返して行った。橋を渡ってトンネルの中に入って行く自動車を見送った。山奥の僻地にぽつんと取り残されたありさまに、もう後へ引けない立場の感懐に身が引きしまった。

宿屋の前の道路は雪どけで泥んこになっていた。断崖の根方や、家の軒下には、凍った雪が積み重なっていた。古い流行歌が山合いに流れてきた。小型の荷物自動車に拡声器を付けた魚の行商だった。その日一日で二筋の加茂川谷に散らばる集落を行商するのだろう。便利さは、もう都市も山間僻地も区別のないありさまである。

宿屋は日用品雑貨も商うらしく、土間の商品棚はごちゃごちゃしているけれど、ちゃんと都市的な品物も並んでいた。石鎚山の東と西の二筋の加茂川谷、そこに散らばっている集落の中心が河口の宿屋の家並であろうか。わたし達が入った宿屋の土間には外出着の身なりをした若者が二人ばかり、宿屋に働く若い娘さんと笑い話の最中だった。

山奥の僻地といっても、お客をもてなす商売の宿屋である。若い娘さんは都市の女にひけをとらぬ髪形、薄化粧のありさまだった。しかし宿屋の若い娘さんは、わたし達の風態とは肌合が違うとでもいうのか、あんまりわたし達には、愛きょうある言葉をふりまいてはくれなんだ。わたし達はお茶をもらって持参の握り飯で昼飯を食った。

わたし達一行の顔触れというのは、民間放送のM、H、一番年若いOの三氏に、A新聞のK氏の四人にわしが加わっての五人。M氏は、この雪中石鎚登山のリーダー的役割の人であった。

この人達は山になれてもおり、冬山にも経験が深い。ことに、民間放送の人らは前年の元日、松山↓石鎚山頂の二元放送したときなどは、大雪の深い面河《おもご》側を苦闘に耐えて石鎚頂上に達し、元日の朝の猛吹雪に見えがくれする日の出の放送に成功した人達である。いまにそれは語り草になっているとか。

しかし民間放送の山のグループが先年の夏、日帰りの山行きをしたそうだ。目的の山の登り口でバスをおり、一同それぞれのリュックを肩にしたというのに、当然あるべきはずのM氏のリュックだけが無いという騒動がもち上った。バスから持ち下ろすのを忘れたものとして、その日一日中他人のリュックの中味に頼ったそうである。そして出発した町の停留所へ、夕方バスで帰ってみるとM氏のリュックはちゃんとその停留所へ元のまま置いてあったというのである。すでにバスに乗るときに忘れてリュックを持ち込まなかったありさまだったのである。一緒に山へ行った連中も停留所の人らも、開いた口がふさがらんほどの大笑いしたそうである。

ながい年月わたしも山歩きをしたものだが、リュックを忘れたなどの話をきいたのは、はじめてであった。M氏のリーダーは一体どんなことになるのか、ほとんど全部の標高を直登するありさまの特長を持つ石鎚山の山容を頭に描いて、くすぐったいような恐れの感情がちらついたものだ。

夏山なら黒川道を登るのである。冬の雪道を登るには今宮道である。宿屋の前の今宮道はすぐに坂道である。雪が残っていた。年若いO、Mの二人、そしてわたし、その後ろへH、Kの二人の順序で坂を登った。山腹にある今宮部落の人らも、厳冬の季節で冬ごもりして里へおりてこぬのか、坂道に残った雪の上には人の足跡はほとんど見当らなんだ。

新しい地形図を見ると、石鎚山の東側を流れる加茂川は、河口谷の記入がある。その河口谷の対岸の切り立った岩山は、その断崖に疎林がかかっておる。また断崖

の稜線は河口谷の上流に向かって延び一一五六・二メートルの頂上突起に達している。稜線には赤松だろうか、ながい風雪に耐えぬいた姿をむき出しのありさまに、林となって並んでいるのが目の高さのところに透けて眺められた。

植林の中をぬけ、疎林の中をぬけて、急斜面の広びろとした場所へ出た。雪のとけた地面から麦の芽が青さをのぞかせていた。急斜面の畑であった。急斜面の畑を守る生活に諦めをつけて山上の部落を去ったものか、急斜面に屋敷跡が雪に埋まっているのがはっきりとわかった。

七月のお山開きで石鎚登山をする人らの休み場ともなるありさまの農家の庭先へ登りついた。誰もがやれやれといいたい顔をしてひと休みした。人がおるのかいないのか、母屋の方は森閑として物音はなにもしなかった。こちこちに凍る外気の庭先に、洗たくものが干してあるのが、なにか知ら物さびしさを思わせ印象的であった。

急斜面の畑の中にまばらに建つ人家の向こうにひときわ目立つ建物は山上の小学校の分校だろうか、洋風の建物のせまい校庭は吹きっさらしのありさまで、庭木の一本も植わっておらず児童の姿もなかった。山の分校の物語めいたものは、そこには何も見い出せなかった。黒川道の部落にしても、今宮道の部落にしても、こん日ほど、交通の便がよくなかった頃には信仰登山の人らの宿屋になって、お山開きの期間中に一年分の生活費を作り出したなどとよくきかされたものだ。家の構えの大きさなどから、昔の盛んだったありさまが、どの家からも感じとれた。また、どの家の屋根にも、テレビのアンテナがでんと立っておった。山上の生活にもかなり高度な文化の生活が、そこに住む人びとに行き渡っているようでもあった。

今宮の人家のあいだを登りきると、植林地帯へ入った。植林にはさまって杉の老木の巨大な幹に、枝葉が四方に張っていた。かたわらに石の祠《ほこら》があり休み場があった。つぎつぎと誰もがリュックを投げ出すありさまで、腰を下ろして休んだ。

植林地帯を過ぎると雑木林に入り、深山の趣がうかがえた。雪の積もりも深さも増してきた。雑木林を過ぎると、さえぎるものが何もない見晴らしのきく雪の斜面だった。深く落ちこんだ加茂川の渓谷を目の下に見て、向こうに全山雪に被われた巨大な瓶《かめ》ガ森《もり》の特長のある姿を、あけすけに見せていた。まったく雄大な景観に立ちすくんで息をすいこんだ。

ようやく雪の積もりも深くなり、踏み場をちがえると膝までも雪の深みにはまり、抜き差しならぬありさまに難渋した。親子、孫ほどの差のある四人の人らは元気な足どりで前後を登っていた。彼らは頭上をかくすほどの大きなリュック、重量のあるのをかついでいた。わたしは、体力の限界をぼつぼつ気付く足元を、後ろから登る人に気づかれぬ風体を見せて登った。

わたしは、股までもぐる雪の深みに右足をつっこんだ。身体の均衡を失って、そのまま雪の上に倒れてしまった。もがきにもがいて、雪から右足を抜き取ると、どうしたのか、足の屈折がきかず、脳髄にこたえる得体の知れぬ右足のひどい痛みかたにのたうった。

人前もなにもあったものではない。雪の上へ足をピンと伸ばして苦しんだ。後ろを登っていた柔和な顔だちのM氏が、苦渋の色を見せて足首をさすり揉みほぐしてくれた。わたしは靴の中で親指や足首の屈伸を、痛みをこらえてつづけた。ところが、異状のなかった左足も、急激な痛さと共にピンと足が伸びて、屈伸がきかなくなった。俗にいうこむらがえりというのか、足の筋が引きつったわけであった。わたしは雪の上へ伸びたまま、石鎚登山もこれまでだ、寝袋に入れられて、かつぎ下ろされる醜態なありさまが頭の中をかけめぐって、老体の身には勝てぬ、無謀な山登りをしたものかと、若い人らの手前恥ずかしかった。

わたしの後ろに続いて登っていたM氏や、H氏の適切な介抱をうけて立ち上ることができた。足首の屈伸に神経をつかうと、なんのこともなかったように、楽らくと歩き登ることができた。もがき苦しんだ筋の引きつりの痛みなど、まるでうそのようであった。

しかし、筋の引きつりが、登る足首の操作を誤るとそのたびごとに雪の上へ引っくり返り、後を登るM氏とH氏を手こずらすありさまに、そのまま登ることの無理なことに気づいたM氏は、もうすでに、先きを登って姿も見えなくなっていた若い元気なO君を、大声張り上げて呼びもどした。

若い元気なO君は重いリュックをかついだまま、雪をけたてて飛ぶように下ってきたものだ。何事がおこったかとK氏もO君の後を追って下ってきた。

二

こむら返りを起した騒動で、わたしのリュックは若い元気なO君が、膨大な自分のリュックの上に括《くく》りつけて背負うことになった。O君のリュックから取り出したサブザックに軽い少しのものを押しこんで、わたしは背負ったO君の後ろに立つと、前方が塞がって何も見えなくなる膨大なリュックのありさまに、わたしは、楽らく歩くのが心苦しいような、つらさの気持であった。

いや応なしに、M君の取った処置である。登山口の河口で、M君の人柄について、あらぬ妄想めいたものを逞しゅうしたことを、心のなかで恥じた。再びこむら返りの起らんように、足首の屈折を一歩ごとに気づかいながら調子をとって歩いた。

谷の向こうに一列に並んだ植林は杉か檜か見当はつかぬが、直線の幹の姿は見事な育ちかたであった。その植林地帯の向こうははるかに瓶ガ森頂上のゆるい雪の斜面の広場が、おだやかな午後のおそい日差しに浮き出していた。それに並んで子持権現の丸い突起の眺めなどが印象的だった。

今宮から河口へ向かって延びた稜線へ登りつく手前にかたく戸をしめた小屋があり、案内記によると前神寺である。また、別なものの登山記には、女人堂と書いてあるのを読んだ覚えもある。その場所から少し進んだあたりにも、無人の小屋があった。前神寺と、女人堂のこんがらがりで、無人小屋があったと思い出すのは、わしの思い違いかも知れん。

稜線を乗り越えた。平坦な道は雪が深かった。黒川道の深い谷底は日が暮れていた。谷底の黒川道を登りつめたところ、黒々と繋った常住社の森は手のとどく目の前にあった。山の宿屋の建物の一部が、ちらりと見えてうれしかった。前からも後からも話し声がきかれた。

日は暮れたけれど雪の明りで人の踏あとはわかった。踏みあとをたどっていたら、いつのまにか深林の急な斜面を登っていた。急な斜面はつらい登りであった。常住社の森が見えてから、歩いた時間を考えても、当然、常住社の山の宿へたどりついていなくてはいけんことになるが、深林の中の雪の上には、どこまでも人の足跡の登りが続いていた。わたしたちは、常住社へ向かう山腹の道をまちがえて稜線の上の深林の中を登っていたのであった。そのまま登れば、いずれ常住社に登りつくことが考えられていた。

誰もが疲れてきたようだった。ことにわたしは足を運び上げられんありさまだった。疲れても若い人らは強引に登り続けた。わたしはついに皆んなの後をやっとついて登るありさまになってしまった。登りに時間がかかり、とうとうわたしの背おっていたサブザックをK君のリュックに括りつけてもらい、わたしはピッケルを持つだけのまったくの空身になったけれど、二人の元気者に持物全部を背おわせるありさまになったので、心は重く情けなかった。H君、O君の二人は晩めしの支度をするので、急な斜面を強引に登って行った。

大木の林の中をあっちへ、こっちへ潜りぬけて、急な斜面の雪の上、足元は滑った。そうした場所で二つのリュックを背おって登るのは無理であったのか、さすがの元気なK君もわたしのリュックを雪の上へ投げ出してしまった。あとから取りに来ればよいことにして大木の森の中を登った。ところが、稜線の頂上に当る地点に、たちどころに登りついた。わたしたちは頂上近くでもたもたしていたわけである。大木の枝葉をすかして、常住社の山の宿の電灯が大木の枝葉をすかして、光り輝くようにもれていた。まったく助かったという気持でいっぱいになった。吹き溜まりの深い雪の中は下り気味で、常住社の山の宿屋へたちどころに下りついた。宿屋の玄関わきの土間のストーブの燃え火が、赤あかと戸の透き間から外の雪の上へもれていた。拝殿の前に立ち並ぶ老杉の巨木は、凍りついた夜空へ気味わるい姿を毅然とのばしていた。やっと、たどりついたわけである。

M君の手配によって、H君、O君の二人が雪の中を再び引き返して、稜線の頂上へ置いてきたわたしの持ち物、サブザックをさがし取りに行ってくれた。

登りの雪道に踏跡をつけていた山登りの若い男が、冬の間中宿におるという二人の中年の女の人を相手にして笑い話をしていた。山登りの若い男は二の鎖下までも登れなかったというありさまで石鎚山の雪積の様子が想像できた。

二人の女の人は冬山登山の人らのためにストーブの火を絶やさぬのだといった。夏の内に物資は索道で運び上げてある。山登りの人らの世話ではなく、常住社の管理をするのが目的の大半であることが、その女の人の話で想像できた。

村の誰それの家の犬が子犬を何匹生んだ。婿さんは、どこそこの犬だなどと女の人らは里心がつくと、村里の噂話をしてうさ晴らししているようだ。自分の旦那の顔を見に雪道を下ることもあるのかと、いらぬ想像も逞しゅうした。

O君が腕をふるったおそい晩めしを、土間のテーブルをはさんで五人が食い足りんほど大食いした。登りの雪道は空腹でも、こたえていたのである。

山の宿屋はその外にも何軒か建っているが戸をかたく閉ざしていた。わたしらの泊まった宿が一番大きいようであった。雑然とした土間の様子は夏のお山開きの十日間の宿屋の混雑を、そのまま残しているあんばいだった。二階の部屋の廊下が一直線に先へ延びていて部屋の数の多いのが想像できた。わたしたちは二つの部屋へ別れて床についた。なにか今日一日の行事が終った安堵感が、疲れた体の隅ずみまで気持よく伝わるありさまであった。

八時には出発だといっていた常住社の、山の宿屋での朝の支度に手間どって出発したのは九時もずっと過ぎていた。

まず、天気は晴れ。石鎚山頂を仰ぎ見る拝殿から青空へ突き出た山頂の眺めが冷厳、わたしは肝を冷やした。拝殿の庭は、こちこちに雪が凍り、老杉の大木は亭々《ていてい》と空に延びていた。静まりかえっていた。

山門をくぐった。走り込み八丁坂をまたたくまに下った。ようやく雪は深くなった。あたりの針葉樹、落葉樹のありさまに高山の趣が深まった。枝をすかして眺める左の山、右の山はみんな雪をかぶった深林であった。

八丁坂を下りついたところの鞍部に休み場の小屋があった。そのあたりから道は登りになり、ますます高山の趣が強まった。急な坂道を登りつめた。前社《ぜんじゃ》ガ森《もり》の左側、急な斜面の雪道はかなりの雪の深さで、一列になって横切った。横切り終ったところの、少し平地の雪の上へリュックを投げ出して一服した。

前社ガ森を半周して上へ出たところの稜線上に吹きっさらしの休み小屋があった。リュックを下ろした。大木の針葉樹の枝にぼたぼた積もった雪が奇妙な形をしていたのがおもしろく、木の間から瓶ガ森が晴々と眺められた。雪をとかしてお茶を作り尽めしを食った。小まめに動くO君が、万事雑事の役割にまわることに、はじめて気がついた。雪が深くなるので身仕度を整えた。

登りはますます急坂だった。雪の中を先頭進むO君の姿は勇ましかった。行く手を塞ぐ場所へ行きついた。右を巻くか左を巻くかの評定の末、いや右だったと、急な斜面の吹き溜まりの雪の上を斜めに登った。登った場所は巨木の間の平地で、そこを通り過ぎると、さっと眼前が開け石鎚山の山頂が頭の上に見えるありさまであった。ところが、さきほどから強風が吹き、雪を吹き飛ばすありさまだったが、丁度わたしたちの立つ場所は、一の鎖の下の方の稜線の鞍部になった場所、高瀑渓《たかたるけい》の方から雪を吹っ飛ばしての強風が吹き抜ける場所のようだった。あまりな強風で、わたしたちは一時、巨木の幹に強風をさけて休んだ。高山の趣が一段と強まった。

雪風が石鎚の山頂を、さっと見えがくれさせる。太陽の丸さが雪風の中に橙《だいだい》の色に見えた。物すごい頂上の荒れかたを息をのんで眺め上げた。こうなると、まさに好機なりと本性を表わしたH君、K君の二人はカメラ取り出して、いじくりまわしはじめた。

稜線の広い場所を通りすぎるあたり、物凄い強風で体が吹っ飛ばされそうで、やっとピッケルの支えで進んだ。M君は雪目鏡かけている。目鏡なしでは目をあけておれんありさまだった。

一の鎖の下に小さな休み小屋があった。押しこまれるあんばいに、皆んな小屋の中へはいった。せまい場所へ各自が坐りこんで、オーバーシューズをはき、アイゼンを付けた。冬山の身仕度をして、わたしはふるえるありさまに身が引きしまった。

右側の斜面を登るのであった。小屋の外の吹き溜まりに、片足を突っ込んで、わたしは抜きさしならんありさまになった。先頭はすでに登っている。後には誰も続かない。わたしは一人、足を抜き出すのに苦心した。

三

夜明峠とは名前ばかり、強風が吹き荒れていた。まったくの頭上にある石鎚山頂の雪風は続いていた。しかし天狗岳の垂直の断崖は、わたしたちを威圧するあんばいに物凄いものを見せていた。その下の方に土小屋道が雪の中に、それと影のように見えた。

黒岩山、伊吹山、子持権現山、瓶ガ森山、の一連の山が素晴らしいものに眺められた。もう、大森山ははるかの目の下、大森山から裾を引く高原状のわるい斜面には雪がいっぱい積もっていた。二の鎖小屋の建物が頭の上に見えがくれしていた。

断崖絶壁、二の鎖の直下、二軒建ての山の小屋は、登り口に向かってだけ板壁を出し、吹き溜まりの深い急な斜面に埋まっていた。信仰の登山者なら一応、誰も潜り抜ける木の鳥居も、雪の斜面に埋まって、ちょっぴり頭だけを出していた。

頂上を雪風が吹き荒れる。四辺が暫く暗くなる。しかも、夕方である。六時に近い時刻であった。

二つの小屋は登山路をはさんで向かい合っている。大きい小屋の入口は頑丈な釘付けで、向かいの小さい小屋の二階が二泊目の泊まり場になった。その晩はひと晩中吹雪いていたようである。小屋に吹き付ける強風に何度も目が覚めた。

瓶ガ森がよく見えるという、M君の呼び声で起こされた。H君、K君、O君の三人は、呼び声聞いて、それっとばかり飛び出すわけにはいかなんだ。凍って堅い山靴を穿くのも容易でない。カメラ抱えて、もそもそと小屋の外へ出て行った。

生理的な催しに堪えられずH君は早起きしたありさまだったのである。瓶ガ森の山上の雪原に朝日がきらめく。素晴らしい。雪の中にしゃがんで素晴らしい景観をM君は堪能するまで眺めたことだろう。

二の鎖小屋の出発は九時を過ぎていた。出発の間際になって一の鎖の下へ輪カンを忘れたことにK君は気がついた。取りに下るというのを皆んなが無理に押し止めた。

K君はあっさり思い止まった。瓶ガ森の手前に尖がった山の大森山がある。以前は銅の産出で賑わったという大森山の南に続く一帯は緩い起伏の高原状だ。一部には植林もしてある。多くは草原のままである。一帯に雪が積もっていた。

最近、計画の進められていると聞く石鎚スカイラインは、面河側から土小屋あたりを乗り越え高原状の地帯へ下りそうである。地形から想像できた。

二の鎖の絶壁は雪と氷である。絶壁の右寄りにある垂直に近い小沢に登路を求めた。K君が一人、カン木につかまり絶壁を登った。小沢は雪の吹き溜まりである。はじめてザイルを使った。絶壁の途中からK君が絶壁を横ばいのありさまで小沢の方へ移ってきた。

困難な場所へ出くわすと若くて元気なO君が、自分から進んで活躍しなくちゃいけなかった。動作が機敏である。ザイルさばきも鮮やかなもので、助かることが多かった。登り付く場所は鎖り場を登っても、小沢を登っても、同じことである。

疎林を吹き抜ける強風が雪を蹴散らしている。踏跡の荒い小石が飛び出して、ごつごつ凍り付いていた。弥山《みせん》の断崖絶壁の鎖場は他の鎖場より長いという。鎖は雪と氷に閉ざされていた。天狗岳の岩壁は垂直の鋭さである。一の鎖下は強風に吹き飛ばされて雪が少なかった。

戦争の末期、頂上に気象観測所の建設をしたとき、資材を運び上げる桟道を鎖場の右寄りの絶壁に作った。現在、桟道は登路に利用されている。桟道の丸太も雪と氷である。ザイルを結び合って登った。

山頂は正に強風である。辺りの雪山をかすめて吹きまくる風は冷たく激しかった。西日本最高度の山である。展望の壮大さは、まったく素晴らしい。昔の山岳崇拝による信仰の趣が察せられた。

眼前に、西ノ冠岳、二ノ森、無名峰、堂ガ森と雪の山容が西方に遠のいて行く、堂ガ森に建つ民間放送の電波塔が雪の中にちらりときらめくようだった。

無名峰から出た稜線がゆるい線で面河山に続き、稜線の内側は白一色べっとり雪の雄大な斜面である。斜面を横切って面河道の影が一線かすかに判った。

山頂の岩場から下は針葉樹林が膨大な原始林帯に続いている。面河の谷は深くて広大なものである。その向こうに大川嶺《おおかわみね》、笠取山、最近スキー場として開発が進んでいる大野ガ原方面の山やまが雪雲に見え隠れした。

観測所は山小屋に変身である。コンクリート建の頑丈な小屋が山頂にあるのは珍しいことである。小屋の入口へは石の段だんを登る。桟道の絶壁の上、突ぱなに作られている。下を覗くと目がまわる。小屋の入口の前に立つと、苦闘の連続で登った登り道のありさまが、ひと目に見下ろせた。

成就社の森から西に出た山稜の裏側の谷底に少しの雪の広場が見える。人家が二、三軒あるようである。山の奥のまた奥の人家である。黒川の集落と谷を隔てて相対していているモエ坂の山上集落の家々が斜面にへばりつくありさまに眺められた。厳しい自然と取り組む僻地に住む人の生活を想像した。

弥山に建つ石鎚神社はコンクリートの祠である。祠の建つ岩ばんの腰には、一の鎖の末端が幾重にも巻き付けられていた。山頂のせまい台地の東の突ぱなに立つと、天狗の突起の岩峰が目の前に筒上《つつじょう》山、岩黒山、伊吹山のなだらかさ、子持権現山の突起、瓶ガ森山がいっぺんに目の中へ飛びこんできた。胸のすく壮大な景観である。ここで気の付いたことは、今宮道の登路から大体見慣れた山々も登る度合いで山容の少しの変化に気のつくありさまの眺めであることだ。

三泊目の泊まりはコンクリートの山小屋である。堅牢なコンクリートの山小屋の泊まりには安全感が体いっぱい漲《みなぎ》った。

室内七度という厳しい寒気に熟睡できなかったという者もあった。わたしなどは、どこか一本抜けているのか、どうも熟睡したつもりである。

面河へ向かって下る日である。桟道を下らずに稜線の岩場を面河乗っ越しの場所へ冬山は下るという。最初の岩場はザイルを利用して、みんなのリュックは下ろされた。空身になって台地へおりて見ると次の台地への下りは長くて、とてもおりられるものでないと、M君の判断であった。リュックを担いで岩場を引き返し、桟道をザイルに縋《すが》って一の鎖下へおりた。ほっとした。

面河乗っ越しへの道にも難路があった。深い谷底へ続く沢だ。沢は深い雪の吹き溜まり、滑ったら最後谷底へ真っさかさまである。ザイルを張って横切った。

面河の乗っ越しは面河谷から吹き上げる強風が吹き抜けていた。しばらく針葉樹林の中を斜めに下った。下手をすると、ごぼっと足は雪の中へ埋まり、身動きできなんだ。

壮大な雪の斜面を下った。振り返ると石鎚の山頂の岩壁が、針葉樹林の上に城塞のありさまに眺められた。昨夜吹雪いた雪が針葉樹林を真白にしていた。まだ小さな吹雪は山頂に続いているようだった。

壮大な雪の斜面に山襞《やまひだ》は幾つもある。壁の窪地の吹き溜まりは物凄く、腰まで埋まるありさまに何度も行く手が塞がれた。ブナ林だったろうか、巨木の林の中を進むとM大学山岳部の山小屋に下りついた。避難小屋が隣り合わせにあった。

頂上を出発したのが九時頃か、時刻は十二時を過ぎていた。最後のがんばりに必要なものを胃の中へ押し入れた。

　面河山の稜線を歩くのは平坦だけれど、だいぶ足元が怪しくなっており、骨が折れるありさまだった。稜線の突起を右へ半周すると急坂を下った。原始帯の下り道は雪のでこぼこである。森林の中の暗さか、夕方の暗さか、判断のつかぬ薄暗さの中を右へ左へ曲りくねって下った。

　巨岩のある場所でひと休みした。巨岩の下が面河の渓流で谷がせまって樹林がうっ蒼としていた。すっかり日が暮れた。そこからの下り道は石の積み重ねの段だん道で、歩調を誤ると、アイゼンの後部の爪を石段の端に引っかける危険があった。

　疲れたといっても外の人らは若い。面河の泊まり場が近いぞと、足が早くなって、わたし一人、歩くのに立ち遅れた。

　渓流に沿うて歩く道は林道で平坦だった。巨木の枝から落ちた雪が、路面をでこぼこに凍りつかせ、雪明りを頼りに歩くのは、まったく歩きにくかった。老体のわたしを気遣って、M君はわざわざわたしの歩調に自分の足を合わせて歩いてくれた。わたしは惰性的な歩調で、ときに体が空を切ってはっとした。疲労困憊である。泊まり場ばかりが頭の中をいっぱいにした。

行く手の森の中に泊まり場の板壁が、暗いのに、ありありと見えた。ちらりと明りが揺れた。わたしはM君に、つとめて元気そうな声をして、明りが見えたといった。しかし近づくと何もない森閑とした森の上に星があった。

しばらくしてから、対岸に小屋が見えた。明りは無いが縦横の柱まではっきり見える。渓泉亭かと思った。近づくと、小屋はかき消えて巨木の幹が何本も闇の中に見すかされた。

疲労の果て頭がもうろうとして、幻覚にとらわれていたことが後でわかった。幻覚にとらわれたのはもちろん、わたし一人だった。

予定の泊まり場、国民宿舎というのは管理人が下山して宿舎は堅く閉ざされていた。無人の宿舎の下に雪の広場があり、雪道が作られていた。広場の中央に明りのともった家がぽつんと寒々と建っていた。もちろん宿屋ではない。

雪の広場を突き切り橋を渡った。もうろうとした頭にはっとしたものが閃《ひら》めいた。これこそ本物の泊まり場、渓泉亭へたどりついたのである。台所口へたどりつき、そこにいた変な顔をする宿の人に強引にコップを借り、バケツに汲み置きの水をぐいぐいと六杯も飲んだ。やっと人心地がついて、皆んなのおる表玄関へ廻ったものだ。

親と子の山

親子の山

バスの乗客は、ほとんどが中房《なかぶさ》温泉まで行くものとみえて、有明温泉でバスをおりたのはわたしたち親子二人だけだった。わたしたちが泊まるつもりの宿は、停留所の上の方に古い建物がごっちゃに建っているその上に、重なるように大きく建っていた。

町営だという宿は建ってまもない新しいもので、宿の玄関はぐるっとひとまわりし、山の側の方からはいるのであった。新しい建物だから、見た目には、こぎれいであったが、何んのことはない、村里の駅前の宿屋と同じ建物だった。

二階の部屋へ連れられた。窓の外の中房川の向こう岸の森林が、立ち塞がるように緑いっぱいに眺められた。明日はあの森林の中を登るんだと、わたしは息子に話した。息子はだまって合点して、森林に見とれていた。

大きな浴場があった。男の入口から、のぞいて見たら、中は男女混浴の浴槽で、片すみの方に、女の人がこちらに背を向けてお湯の中にかがんでいた。若い人やら年寄やら背中をちらと眺めただけでは、わたしにはわからなんだ。

わたしは、お湯にはいろうとした。年若い息子は、混浴の情景を、あるいは不潔なものに連想したのかもしれん。はいろうとするわたしの腕をつかんで引きもどした。ふりかえって、息子に不服な面構《つらがまえ》をして見せたら、息子は苦笑した。

息子のいうままになって階段を下りたところのせまくるしい男湯の方へ、わたしは息子と二人きりのお湯につかった。別にお湯がよごれているということもなかったけど、上の段にある混浴場のお湯が、下の段の浴場へ通してありはせんかなどと、温泉の出口を眺めて想像したりした。

部屋の外を蝶がひらひら飛んだ。次男坊から無理遣りに持たされていた安物の捕虫網をリュックから取り出し、窓に向かって身構え立って見たら、蝶は中房川の方へ飛んで行ってしまった。次男坊から蝶とってこいと頼まれたものの、この分では、このさき蝶とりに苦労するだろうと思った。

宿の下駄をつっかけて外へ出た。玄関前の石段を登ると山を切り開いた広場で、広場の向こうは森林だ。森林と宿の建物の中間の道が宿の玄関へ通じる道で、わたしらは、ごちゃごちゃした建物のそばの近道を通って宿の玄関へ着いたものだった。冬の荒れた道のでこぼこを、ブルドーザーがならしていた。

バス道に出てみると中房からバスが下るところであった。宿のどの部屋に泊まっていたのか、多勢の人が停留所に立ってバスを待っていた。多勢の人がバスの中へぎっしりと詰めこまれてしまうまでには、かなり騒ぞうしい時間がかかった。物すごく満員のバスのドアがしまって発車したバスは、下り道を車体をゆすぶって下って行った。そのあとの山あいは、中房川の流れが岩にぶつかり、瀬となる水音だけの静かさだった。

わたしが蝶とりを持てあましていたら、息子はわたしから捕虫網を取り上げて、川原へおりて行った。川原の大きな岩の上へ登って、捕虫網をふりまわしていた。とりそこなうと蝶は空高く遠くへ飛び去るのが、わたしのところからよく見えた。

大きな岩のそばをつたわって川原におりようと岩につかまったら、岩の根っこの苔に生えている蘭科植物を見つけた。そこはまばらな立木の下で、イワカガミの広葉のものなども繁っていた。

苔にすりつくよう厚肉の一枚のはっ葉のランなんだが、わたしにはランの名前がわからなんだ。厚い苔を通して、白い根が砂地の中をはうようにのびていた。一カ所に何株もあったけれど、別な場所では見当らなんだ。宿のわたしたちの部屋は、建ってまもないものだから、清潔であった。しかし、清潔というだけでなく、都会風な建具の作りつけで、一つのスイッチをおすと、座敷の片一方の袋戸棚の中が、薄明りになるという仕掛だった。息子が、部屋の電灯を消して、袋戸棚みたいな中を薄明りにした。畳の上だけが薄明りになる。わたしは夜の泊まり客の二人連れのなにかを連想して、くすぐったかった。しかしそうしたしゃれた仕掛はしてあるものの、全体の建具材料は安物が使われているのが、なにかまに合わせ式なものを感じさせ、部屋から建物全体を軽いものにしていた。

宿を出たのは七時きっかりだった。宿の玄関で、靴の紐をむすんでいたら、帳場の人が、山がお好きなようでと、おあいそうをいってわたしの方を見ていた。なんとしても、温泉の宿の主人というには、ほどとおい風体《ふうてい》であった。そこには、町営という肩書きの体臭が、少しは流れていそうだった。

道が対岸へ渡ろうとする橋のそばから、湯気が二カ所ほどからたち昇っていた。そのあたりの土地の乱れかたに、少しの荒涼さがあった。息子は足を止めて、一心に見入っていた。

対岸へ渡ってバス道から旧道を登った。バスの終点に自家用車だろうか、車が一台置いてあった。中房温泉へきた客人のものかと思った。

燕岳《つばくろ》への登り口の売店の人も、起き出したばかりのようで、売店の中にちらと人影を見ただけだった。登り口で天幕を張ったという四人組の若い登山者が、朝飯を食っている最中だった。

四人組は、表銀座を縦走するという、その日のうちに大天井《おてんしょう》岳まで歩くという。若い人は元気なものだなと思った。きけば、川崎の方の大工場の山岳部の人たちであった。

北アルプスはもちろんのこと、燕岳へ登るのもはじめての息子は、よろこびと緊張で、かなり複雑な気持の様子を見せたが、若い元気な足は、燕岳の登り口から、もうわたしの足を引きはなしそうで、わたしは、これはかなわんことになると思った。

わたしは、家族ら皆んなとは、たびたび近くの山は歩いたけれど、息子二人と歩くということは、はじめてのことだった。それというのも、夏休みに燕山荘《えんざんそう》でアルバイトすることになったので、そんなら、わたしも行こうかと、息子と二人で出かけたわけである。

はじめの計画では、七月の一日には、燕山荘へ登りついていることだったが、わたしの仕事が、片づかないので、一日延びて、二日に燕山荘へ登りついたのだ。きざで嫌味にとられるが、片づかない仕事は有明温泉へ泊まって片づけようと、速達にする封筒などもちゃんと用意して出かけたのだけれど、有明温泉の宿に泊まりこんでみると、自分の家のような気持の自由さがなく、勝手のちがった部屋で、ごそごそと仕事する器用さなどないことを知って、もう、半分やぶれかぶれの気持で、その仕事を投げ出してしまった。息子の後を追い登りながら、わたしは、そんな気持で、かなり憂うつだった。

合戦《かっせん》小屋へ登りつくまでに三カ所ほど道が平地になる。粗末な木組の腰かけができていて、そのつどわたしらはリュックを投げ出して休んだ。最初の休み場で、登り口で朝飯を食っていた四人組が追いついた。汗をびっしょりかいていた。汗の肌着をぬぎとばすありさまだった。

最後の休みの場所の平地は、ほんの少しの平地みたいになっているが、有明山の方の眺めは一ばんよい場所だった。わたしたちが休んでいたら、小屋へ物を運ぶ人らが登ってきた。その人らも休んだ。物を運ぶ人の内に、見覚えの顔の人がいた。また洋服をきて身軽な一人は、にこりとしてわたしの方を向いた。この人は有明駅からバスも一緒だった人で、バスの途中、天渓堂前でバスをおりた人だ。ひと夏を燕山荘の帳場を守る人で、もうかなり昔から登っているということをきいた。

その人らは雨支度をしていた。さきほどからの小雨が、本降りになった。このごろ売り出したというビニール製の黄色いポンチョを出してわたしらも雨支度をした。

雨の中を合戦小屋へ登りついた。荷運びの人らは合戦小屋の土間で分厚い板のテーブルを前にして、昼飯の最中だった。飯盒の飯に、新鮮な色した生胡瓜に、生味噌をつけてのおかず、見るからにうまそうだった。

山では、新鮮な野菜が一番うまくのどを通ることを息子はまだ深く知らんのか、宿で作ってくれたにぎり飯の折箱を手にして、ぽかんとした顔で、その人らの様子を見ていた。昼飯がすんだ荷運びの人らは、雨支度を厳重にして大粒の雨の中へわたしらより一足早く出て行った。
合戦小屋を出て、少しばかりの急な坂を雨支度に身をかためた学生の一団がどっと雨にぬれて下ってきた。かなり多勢のようだった。わたしら二人は、道をよけて、学生の下り終るのを待った。学生帽や年格好で、中学の高学年であると知れた。

燕山荘の建物が、てっぺんにちらりと眺められるようになった。道のそばには、高山植物の花が咲きそろいかけていた。シナノキンバイ、ハクサンイチゲの花がことに目立った。それにまざって、ハクサンチドリの花の色が鮮明で目にしみるようだった。

荷運びの人らが燕山荘のすぐ下のところをじっくりと登っているのが眺められた。その中の一人などは三尺に六尺の大きなベニヤ板を背負っている。雨支度の合戦小屋で、小さなビニールをベニヤ板にかぶせたのだが、かぶせきれなくて、下の方は雨にぬれていた。緑の山肌の中でベニヤ板がくっきりと見えた。

あんまり登山者はなかろうと思っていたのだが、燕山荘にたどりついてみると、かなりの人がいた。わたしたちを追いぬいた登山者はいなかったから、たぶん大天井岳方面からきた縦走者だろう。雨支度のままの姿で小屋の前のあっちこっちで、雨の中で立ちつくしている登山者もいた。雨が晴れて、山が眺められるのを待っているのだろう。

もの凄い雨の中を、中学生の一団が、先生も生徒も物々しい雨支度姿で登りついた。先生の雨支度を見ても、生徒の雨支度を見ても、色どりさまざまだけれど、みなビニール製のもの、中にはビニールの風呂敷を頭からすっぽりかぶっているのもある。だいたいにこうした山支度を見ても、なにもかも、便利なものになっている。

多勢の学生が登りついて、小屋の従業者はそれぞれ手分けして、忙しそうだった。息子も手伝いたそうな顔していたら、小屋の主人は、今日一日はゆっくりしなさいといった。

大天井　1967年

花の縦走路

雲海は、下界を埋めていた。自分のおる所が、まるで、浮島の感じであった。どちらを向いて眺めても山のてっぺんだけが、きつく飛び出していた。

一段高い場所に建っている別棟の小屋の方からだけ、がやがやと中学生の一団の話声がきこえた。山を下る人、大天井岳の方へ縦走する人、みんな出はらって、燕山荘の玄関さきは、ひっそり閑としたものだった。

肌身が寒かった。一段高い場所の広地にいる中学生らも寒いのだろう、男の子も、女の子も、いい合わせたように猫背の格好して、雲海の景色を眺めているふうだった。

わたしが、雲海の景色を眺めながら、心待ちしていた息子が、横の出入口から出てきて、わたしに近づき、生まれてはじめて見る雲海の景色のことを感じ入った顔つきして、わたしに、その素晴らしさをいった。そして、アルバイトするのを止めて、自分も親父のわたしについて行きたくなったともいった。

里の方では考えられない変わった山小屋の雰囲気に息子はすっかり圧倒されたものか、または、山小屋でアルバイトすることのできる自分の立場の感激など入りまざった感情で高ぶったのか、前の晩も、わたしと話しながら胴震いしたのを、わたしは、いたわるような気持で、そっと盗み見ていたものであった。なれない山小屋で大ぜいの人たちにかこまれる自分が、たった一人になる心細さもあるかなと、息子のことを考えたものだ。燕山荘の庭さきまで出て、見送ってくれる息子へ声かけて、わたしは、一人になって槍ガ岳へ向かって出発した。どうも、縦走する人は、わたしが一番しんがりのようだった。歩きながらふり返って見た。くしゃくしゃっとした顔して、息子は、わたしの方を向いて立っていた。何時だときいたら、手首をちょっととのぞいて、七時を一分すぎてると返事した。

湯俣川の谷筋一帯は雲海にすっぽり埋まっていた。その向こうの山々のてっぺんだけ眺められた。地図と見くらべんことには、一つ一つの山の名前など、わたしには、どれがどれだかわからなんだ。

行く手に立ちはだかっているどてっ腹の大天井岳の登り道が、かすかだがはっきりと眺められた。槍ガ岳が、手のとどきそうな近さに眺められた。千丈沢や天上沢が、雲海の埋りから、雪渓のありさまを少しずつ出しかけているようすであった。

雨が上って、この分なら天気はつづくだろうし、雨上りの道はしっとりとしていて歩きよかった。しかし、手のとどきそうな近くに眺められる槍ガ岳へたどりつくのに、一日がかりかと思うとなにかげっそりした気持にもなった。

軽い足どりの若い男が、声かけてわたしの横をすりぬけて、先へどんどん歩いて行った。ナップザックの軽い山支度だけれど、足元はごつい頑丈な山靴をはいていた。よっぽど山達者な若者にちがいないなと思った。足の早い若い男はわき目もふらず、さっさと歩いて、見るまに行く手の稜線の向こうに消えた。

縦走路が稜線を越えて、東側の赤土みたいな道へ出た。草つきの斜面に雪が残っていた。いつもの年なら、もっと雪が残っているということを、前の日に燕山荘の人らにきいていた。雪の残りそうな地形だなと思った。

よごれた色合いの残雪のまわりには、白い花、黄色い花、地面についた赤い花、咲いてまもない生々とした色合もまったく鮮やかなものだった。蘭科のチドリの類が二種類あった。一つは、紫紅色のもので草の丈にくらべてたくさんついた花の形は大きめで、たぶんハクサンチドリかなと思った。もう一つはわりと草の丈が高く、蕾《つぼみ》が小さくいっぱいついていた。なんというのか、見当がつかなんだ。

ゆるい歩きの横通り道が、稜線をこきざみなじぐざぐで西側へ乗り越す場所へつきあたった。登り口に若い女の人がリュックサックのまま、どたんとあおむけの格好してのびていた。じぐざぐ道を、若い男の人二人と、若い女の人一人が、登っていた。わたしより、ずっと早く燕山荘を出た人たちだ。二組の若い夫婦連れか、四人友達同士だか、見当がつかなんだ人たちだ。

まだいくらも歩いているわけではないが、このあたりでもうばてたんだろうか、それにしても、登って行く三人の人らの白々しさが少し感じられた。わたしの近づく足音に若い女の人はがばっとはね起きた。女の人の身だしなみか、それとも、女の人のもつ男への警戒心が無意識のうちにそうさせたと思うふしもあるすばしっこい身のこなしかたに、わたしははっとおもしろくない気持で驚いた。

わたしは、一人ぎめした感情の動きをおさえ、若い女の人のなげ出した足元を通るのがなんとなく照れくさくてつらかった。言葉にならないことを口ごもって、若い女の人の足元をまたいで、稜線へ出るじぐざぐ道を上へと登った。稜線へ出たとたん、湯俣川の谷底から吹き上げるひんやりした風が顔にあたった。湯俣川の谷底を埋めていた雲海など、とうの昔に吹き流れて、向こうの山々の眺めは素晴らしかった。湯俣川をさかのぼって、雲ノ平、三俣蓮華岳へ登っている道が見えるかなと見つめたが、真下に見えて近そうだが、何一つ道らしいものは見えなんだ。でも、気のせいか三俣蓮華の小屋だろうかと思われるものが、ちらっと光って見えたようでもあった。

目の前にそそり立つ槍ガ岳は、まったく格好をととのえたV字形の二ツの沢を垂らしていて、堂々とした山の姿は、まったくのところ、息をのみこむありさまだった。二ツの沢、千丈沢も、天上沢も、鋭く光る刃物の眺め、また、硫黄岳の方は硫黄の気にすっかり焼けただれ、無気味の色の山肌だ。どうも、その風景の荒々しさは、わたしの神経に少々こたえた。

稜線の場所は大きな岩、小さな岩の集まりで、そこの部分だけ一段高い格好の様子、岩の間に花の咲いてないシャクナゲ、岩の割目のコケに、イワヒゲが小さな白い花をつけて垂れていた。

五万分の地図にも出ているし、山の案内記などでも知っていた蛙岩《げえろいわ》、これまでどこにあったのやら気づかなんだ。蛙に似ていて、蛙岩というのだそうだが、まさか、自分の立っている場所の岩が蛙岩だとは思えなんだ。わたしは、どうも自然をこじつけて見させようとするありさまに、さっぱり興味のない方だから、やはり蛙岩は、見落したのだろう。

稜線の東側の登り口で、わたしをどぎまぎさせた若い女の人の仲間が、リュックを投げ出して、道ばたで休んでいた。関西の方からやってきたのだそうである。行く手は、わたしと同じ方向のようだった。

その若い人らは、東側の登り口でのびた仲間を待っていたので、わたしは、その人たちの前を通りすぎて、先を歩いた。道は稜線の西側の平地で、小砂利の道は歩きよかった。男二人、女の二人の人らが、後から追いついて、さっさと先へ歩いた。わたしはあんまり足早には歩けんのである。人が見たら、よたよたと、もつれる足どりみたいらしい。休んでいた人らが、四人になってすぐにわたしを追いこした。若い人の歩きかたを見ていると、まったく驚くほど早かった。それでいて、登り道になると、あっけなくのびてしまうのだから、始末がわるい。

為右衛門吊岩《ためえもんつり》という場所だろう。行手にひろがる土手っ腹の大天井岳へ登るのに、関所を通りぬける格好の、大きな岩と岩の間をくぐり通った。岩と岩の間は、日の目もさしかねるありさまの、しめっぽさがあった。

それにしても、名前が少し変てこすぎると思った。昔の大男が大力で道を開くので、岩を吊り上げたのか、それとも、せっぱつまった人が、最後の手段をとったのか、どういうものかわたしにはちょんまげの首吊り姿の縁起わるい連想が、頭の中をかけめぐって、気色がわるかった。

しばらく前に、わたしを追いこして行った学生らしい若い男があったが、そんなに早歩きとも見えなかったが、目の前の土手っ腹の大天井岳にとりついているのが、はっきりと眺められた。登り道はどっちへ行くかと見ていたら、左への分れ道を登った。じっと目をこらして見つめると、一歩ずつ登る早さがよくわかった。平均した無駄のない歩きかたかとも思った。

木も草も、一本もない格好の稜線のあたりは、どちらかといえば、殺風景とでもいいたいところだ。しかし足元の踏みならされた道のよさは、都会の郊外の散歩道のようなものであった。

担々とした道を進んでいたら、シャクナゲの繁ったところで雷鳥の雛が一羽よちよちと行く手の道を横ぎった。親雷鳥はおるかとしばらく立ち止まっていたが、親雷鳥は出てこなかった。

これまで、歩いた縦走路には、道をちょっとはずせば、あっちこっちにコマクサの群落があった。昔の人は、コマクサを薬草として、採りに山へ登ったものだそうだが、こん日、科学薬品が次から次へとできてみれば、山のてっ辺まで手間ひまかけて、コマクサ採りの苦労せんでもいいことになったのにちがいないと思った。

追いつ追われつ稜線を

大天井岳の土手っ腹へ、いよいよ取り付く場所は、深く切れ込んでいた。そこへ、下りつく手前の小さな岩の間へちょいと走り込んだものがおった。姿をはっきり見たわけでないのだが、オコジョだろうかと思った。

切れ込みにおりて見ると踏み荒れた地面は、すがすがしい高い山の香気ないありさまの場所だった。それを眺めて、毎日のこと、大勢の登山者がこの関所の格好の場所を通りぬけることが知れた。

大天井岳の登り口の面に、山道を切り開いた人の像の浮彫の銅板がはめこんであった。昔のこと、一人の力で縦走路を切り開いたと、その功績をほめたたえた新聞記事を読んだことがある。像から受けるものは、じじむさい顔しているけれど、きかん気の性根がよく表われていると思った。

岩がんどを打ち砕いて、足がかりを作って歩かす、大天井岳の土手腹の道は、少しずつ登って行くありさまのものであった。キバナシャクナゲ、イワウメ、イワヒゲなどが、岩がんどに育っていた。

大天井岳の頂上から出た尾根筋を乗り越すあんばいの所から、岩がんどの道は少しずつ下って行った。一帯に植物は派手に育っていない。砕けた岩が、ごつごつしていて荒涼とした眺めの中に、また何んとなく若々しさも感じる山の風貌だった。人二顔を見たことのある荷運びの人二人が、空荷でもどってくるのに出会った。人二人がすれちがうには、急な岩がんどの斜面の道を、どちらか一方が岩がんどへぴたりと身体をへばりつけねばいけないありさまだった。見下ろす谷底は、深くて、灌木がいっぱいに繁っていて、荒々しい気味わるい谷底だった。

下る方向の下の方に、小屋の赤ペンキの色の屋根が見えた。大天井ヒュッテだった。小じんまりした小屋は小ぎれいに片づけてあった。小屋の外に干物などしてあったが、小屋には、誰もおらなんだ。大天井岳の土手っ腹へ取りついたあたりで身軽な身仕度の人にあった。登山者でない様子だったが、その人は大天井ヒュッテの人だったかも知れんと思い出した。

道がはかどらなくて行くさきが案じられたら、大天井ヒュッテへ泊まるように、燕山荘の若い方の主人から紹介状などもらっていたものだが、まだ時間はいくらも過ぎていなかったので、そのまま通り過ぎることにした。もらった紹介状は使わんけれど、念のために出しておこうと、ポケットや方々さがしたものの、あんまり大事にしまいすぎたものか、どこをさがしても出てこなかった。

大天井ヒュッテの庭先から、林の下道は少しずつの下りだった。土道は歩きよいもんだから大股歩きして早かった。林の下道のへりには、いろいろな高山植物の花が咲いていた。岩がんどなどに、ぽつんと咲いている高山植物には、風雪に耐え忍ぶ頑健さと、また、孤愁を感じさせて、そっと葉っぱなどに触れたくなるが、肥えた土の場所で、雑草どもに取り巻かれて、ぬくぬくと育っている高山植物を眺めて

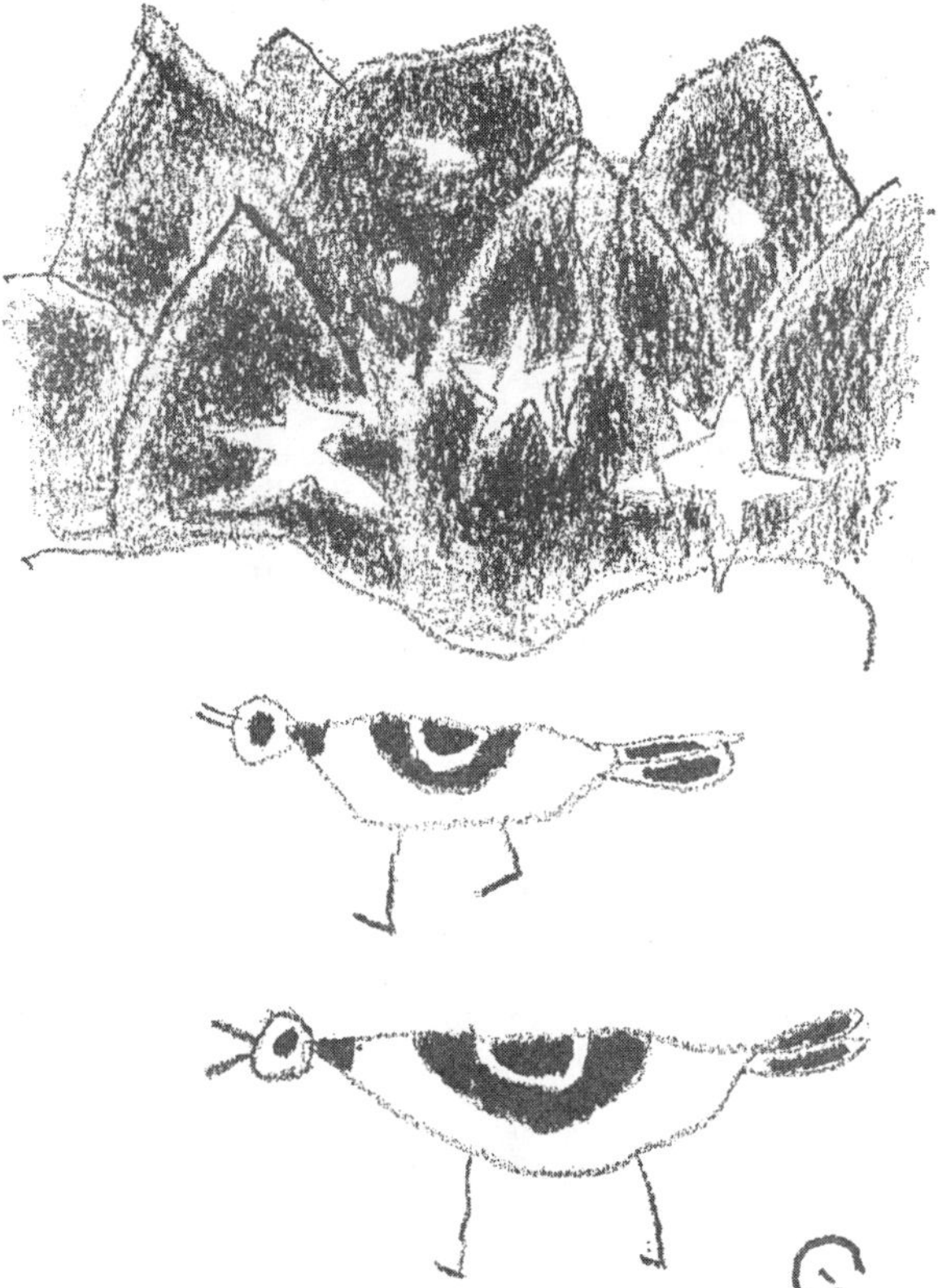

も、山上の高さの感懐に遠いものがあるなと思った。

行く手の林の中で、もさもさ人声がした。追いついて見たら、若い男が二人、若い女二人の連中だった。休んでいたその人らは、また追いつかれたと、わたしにいった。

地図とあたりを見くらべた。牛首山の東にある山の東側を歩いて、その山から出はずれようとするあたりだとわかった。その人らを追い越して急な道をぐんぐん下った。道がまた向こうの山の稜線を登って行くのが、ありありとわかった。

鞍部へ下りついた。道が片側から稜線へ登りきると、槍ガ岳が目の前にぱっと出た。千丈沢、天上沢一帯から、湯俣の出合あたり、硫黄岳、三俣蓮華岳、鷲羽岳、南真砂岳、ありとあらゆる山また山が、目にはいりきれない見事な、明るくて、すかっとした眺めだった。

誰でも腰を下ろして休む場所らしい。わたしもリュックを投げ出して一服した。次男坊が、とてもほしがる蝶が、わたしのそばからひらひらと舞い飛んだ。手に持つ麦わら帽子をやたらに振りまわしたら、もんどり打つ格好して、遠くの方へ飛んで行った。

わたしは麦わら帽子などかぶった山登りははじめてだった。使ってみると、なかなか具合がよかった。わたしがかぶった麦わら帽子というのは、京都の親戚、お寺の息子で、大学の勉強そっちのけで年中山へ行っているのがある。中部山岳を歩いたら、帰りは東京のわたしの家で骨休めする。京都の親から、なにぼやぼやしとる、早よう帰らんかと、電話がかかってくるまで腰を上げげんありさま。そのお寺の息子の置土産の古麦わら帽子であった。

若い男二人、若い女二人の連中が、息を切らして登ってきた。稜線へ登り切るまで、わたしの休んでおるのが見えんので、その連中は稜線へ登りきったとたん、ぱったりわたしと顔を見あわす格好になって、どぎまぎした顔付だった。その連中も、リュックをはずして、足を投げ出して休んだ。その連中も、景色を眺めて話し合っていた。若い女の一人が、おじさん元気で達者な足だ。お孫さん何人あるかなど、たずねたものだ。わたしは、あんたたちの親ぐらいの年輩なんだけれど、まだ、孫は一人もおりはせんと返事した。わたしは、その連中をおいて、その場所を離れた。

少しずつ登る砂礫の道は赤岩岳の頂上へ向かって稜線の右側で、天上沢から吹き上げる冷たい風が、まともに身体にぶつかった。稜線の吹きさらしの場所は、平べ

穂高縦走　1955年

ったくハイマツの原が続いた。下り道で、足ががくんがくんするより、少しばかりなら、登り方が平均した足取り運びができて、楽な登り道だった。

赤岩岳の頂上は、平たい岩の重なりで、それの間にハイマツが育っていた。平たい岩に腰を下ろして、長い時間休んだ。まったく槍ガ岳が目の前で、自分のおる場所の先にある山肌のその向こうが深く切れこんでいるらしい。槍ガ岳へ向かう東鎌尾根のとっつく場所はまったく見通せんありさまであった。東鎌尾根の通り道がかすかに眺められた。四方八方が見通せて、常念小屋の屋根が緑の中にぽつんと見つかり三俣蓮華小屋も、長い形でぽつんと見えた。

腰を上げようとしているところへ、若い男二人、若い女二人の連中が追いついた。その連中も、腰を下ろして休んだ。だいたいに、縦走路の途中の休み場所は、きまっておるようなものであった。その連中はリュックから、口に入れる物を取り出す格好だった。わたしは、その連中をおいて、先へ進んだ。道は断崖のような場所の底におりた。横の一部が崩れ落ちていた。底をはい上って、灌木の中の道をしばらく歩いたら、西岳小屋の前へ出た。

山の突っ端の位置に小屋は建っている格好で、その先に赤土みたいな地面が少し広がっていた。登山者が何人も立って、景色を眺めていた。小屋の裏側は、石垣で土手が積んであった。建ててから、ほとんど手も加えないありさまの小屋で、山小屋らしい小屋だった。そのありさまは、登山者がどうあろうと、こんな日のことに振り向きもせんぞという、頑固さの様子をしていた。

西岳小屋へ着いたのは、わたしにしては、まったく、早足というもので、ちょうど十二時だった。小屋の中は暗かった。まだ小屋を開いてまもないので、なにもかも散らかし放題というありさまだった。

若い男二人、若い女二人の連中も、小屋に着いた。わたしは、小屋の裏手の土手の上で昼飯を食うことにして、食物をひろげた。連中も、小屋の裏手の土手へ車座になって弁当の食物をひろげた。ラジュースで、お茶をわかしたり、フライパンみたいなもので、なにかごそごそしていた。山上の宴というありさまになりそうだった。

離れた場所だったけれど、連中の方から、油で作る食物のうまそうな香りが、わたしの方へ流れてきてしようがなかった。つい連中の方へ目移りしてよわった。女の人が、近づいてきて、わたしのコップに温かいお茶をついでくれた。

温かいお茶を御馳走してくれて、わたしの粗末な昼飯のしめくくりがついた。自分の持っている水筒の冷たい水は、もう、飲む気がしなくなったものだ。

山小屋の主人が、土手へ上ってきて、なにかさがす目付きをして、東鎌尾根の方角をやたらに見つめていた。登ってくる人らがありはせぬかとさぐっているかなと思った。わたしは四人連れにお茶のお礼をいって、そこを出た。連中の誰かから、また、追い付きますよ、というひんがら声がわたしの背中に追い打ちをかけるようにひびいてきた。しかし、連中は追いついても、若くて達者な足だろうに、追い越しはしない。奇妙なことだった。


断崖絶壁をへずり下るありさまの道で、途中、長い鉄梯子でよじ下ったりした。一つの大きな絶壁を、いっきに下るという恰好で下りついたところは、やせ尾根の鞍部だったので、水俣乗越《みずまたのっこし》だろうかと思ったのに、乗越の道がどちら側にも見当らんので、まださきのこととわかって、やれやれと思った。

やせた岩尾根の起伏を、ふらつく足どりで何度か過ぎた。製材した板を背負った若い男が二人休んでいた。天上沢から、西岳小屋へ運び上げるのだといった。腰に弁当箱、製材板に水筒をくくりつけていた。西岳小屋への絶壁をよじ登るのはつらかろうと思った。西岳小屋の主人が土手の上から、さがす格好で立っていたのは、製材板の運び上げがその日きてくれるものかどうかを、一人案じていたのかもしれんと、二人の若い男に逢うてそう思ったものだ。

水俣乗越は、どちら側からも、草むらがひろがり登っていて、細々と道が乗り越していた。大きな板になにか書きつけたのが建ててあったが、すっかり古びていて、文字は読めなかった。立ったまま、しばらく休んだ。両側とも、林になっているので、槍沢の方も、天上沢の方も、見おろせなんだ。

いよいよ、東鎌尾根への登りがはじまった。断崖がせり合ったまん中に、残雪があった。針金に取っつかまって残雪のへりを登った。西岳小屋から下るとき、白々《しらじら》と見えていた草付の道へ登りついた。やたらに、空缶がころがっていた。リュックをはずして休んだ。

西岳小屋からの下り道の絶壁が、ま正面に眺められた。よく見ると、製材板を運び上げる二人の若い男の登るのがよく見えた。一カ所にとまっている格好だが、そこだけ見つめているると、まったく一寸刻みの動きかたがよくわかった。重いのをかついで、せり登るのもたまらんだろうと思った。

午前中に歩いた大天井岳、牛首山、赤岩岳らが丸見えだった。ことに赤岩岳は手にとる形で尾根道までも見通せて気が晴々した。天上沢の狭くなったり広くなったりの雪渓のありさまが丸見えに見下ろせた。

下の方から声がした。四人連れの連中が、追いついたのである。やせ尾根が、灌木をすかして見えて、人の動くのがわかった。リュックをしょい上げ、わたしは、その場所から早々にはなれ登りにかかった。

断崖の飛び出た場所に鉄梯子が上へまっすぐな格好してかかっていた。岩がんどの登り下りの難儀な道、もういいかげんくたびれていた。上へまっすぐ鉄梯子を登らにゃいけんかと思って、まったくのところ溜息をついたものだった。鉄梯子の途中で、身体のバランスを取りそこなったら片方の谷底へまっさかさまだと思うて、足元がふるえた。

鉄梯子をふるえて登り切った。一本の鉄棒が建っていた。息子の遭難を悼《いた》み、その冥福を祈って、これを架設した意味の文字、鉄棒に刻んであった。あたりのけんのんな場所をのぞいて、わたしはあらためて身震いする思いであった。

鉄梯子のかかる断崖の片一方は急な雪渓で鉄梯子を登ったら、その幅せまい雪渓を横切るのであった。幅がせまくて中途半端な雪渓だ。いっそ、大きな雪渓なら身仕度ととのえて、力んで渡るのにと思った。幅せまくても急斜面だ。ちょっとのあいだ心を引きしめた。

登り一方の道が続いた。道の上も下も、大きな岩、小さな岩の積み重ね、岩をどかして歩かせる道の作りようだった。上から、サブザックを背負った身軽い身支度の青年が、駆け下ってきた。息はずませて、わたしの前に立ちどまった。下の雪渓のところへカメラを置き忘れて登ってきた。見当らなかったろうかと問うた。その青年の後を登ったのは、わたし一人というあんばいに、わたしは、その青年に疑いをかけられるんじゃかなわんなと、真剣な気持になった。その青年は三人連れの組のようで、途中わたしを追い越した人らであって、顔に見覚えがあった。その青年はカメラさがしに、一散に駆け下って行った。

槍ガ岳へ近づくごとに、岩の積重ねの山肌になった。まっすぐ行く道と別れて、岩の段々道の方へ登った。登り切ると、そこは、尾根筋の上の大きな一つの岩瘤の地勢で、まったくもって、四方八方広げっぱなしの眺めのありさまに胸のすく思いがした。槍ガ岳が、まったくふてぶてしく大きな格好で、のしかかるありさまの眺めだった。

岩の間の砂地を利用して天幕を張っていた少年とも思える若い二人が、せっせと晩飯の支度をしていた。この二人の若者は燕山荘のそばで、雨の降るのに天幕を張った二人で、その一人がえらく坊ちゃん面《づら》していた。自分でいうには、天幕張りながら穂高まで縦走して、山岳写真を写しまくるんだといっていた。二人も、わたしを覚えていて、にたりとした顔つきをした。見上げる槍ガ岳は、夕暮れの中に、うす墨の色一つであった。

ヒュッテ大槍は、縦走路から、とんとんと石段をおりるのだった。小屋の玄関で、二人の男がなにかごそごそと機械をいじくりまわしていた。わたしのことも燕山荘から無線連絡があって、すでにくることがわかっていたのだそうである。

小屋は、岩山の頂上をえぐり取って地面つくりし、石垣の土手を断崖の上にめぐらして、その中にこっぽりと建っていた。建ってまもないありさまだから、何もかも清潔なことで、まったく気持よかった。ここから見上げる槍ガ岳、一番見ごとであると、その人らはいった。

燕山荘を朝出てすぐの頃、身軽い身支度の男がわたしを追いぬいて、とっと、とっと先へ進んで、わたしは、その早足にびっくりしたものだったが、その男がぶらりと小屋へはいってきた。大槍の頂上へ登ってきたといった。燕山荘から、ヒュッテ大槍、五時間で飛ばしたともいった。山がすきで夏山の山小屋料理人をして稼いでいるのだそうだ。わたしは、おもしろい稼ぎ方もあるものだなと思ったものだ。

小屋の外は、だいぶうす暗くなっていた。小屋の前に立っていたら、一段高い縦走路を、五人の男女が登ってきた。男二人、女二人の連中に、はるか下の方で下るのに行きあったカメラさがしの男一人であった。その男、わたしに向かって、カメラは雪渓のところに置いたままで見つかったといった。わたしも、なんとなく胸をなで下ろして、ほっとした。

その男、女の人のリュックをかついで加勢していた。その人らは小屋の前方、槍沢の方へ下ったところの殺生《せっしょう》の小屋へ泊まるんだと、大声して、さっさ歩いて行った。

槍ガ岳から横尾まで

小屋の人ら二人がかりで、小屋の玄関先で、揚水ポンプのモーターみたいなもの、油まみれになって、いじくり廻していた。夏の山が始まったばかりで泊まり客も見当らず、小屋はひっそり閑としていた。

夕方だったけれど、わたしは、ヒュッテ大槍の小屋の近くがどんなあんばいかと歩いて見た。小屋が建って、まだ長い日時はたっていない。小屋のまわりをかためた石垣も、地均《じなら》しした地面にしても、自然の風化になじんでおらず、見たところ生々しかった。

槍沢から突き上げた格好の断崖の上、えぐり取った窪地の中に、こっぽり建つありさまの赤屋根のヒュッテ大槍の山小屋は写真などで見る北欧の城塞を思わすようでもあり、また童話めいた雰囲気でもあり、なにか、ふわりとした心地がした。

殺生小屋へ行く方の岩がんどの道を、年配の男の人が地ならしししていた。山小屋のまわりはどこでも、やりっ放しが目立つ。その人もそんなことを気にかけているのかもしれん。殺生小屋の人かと思った。

槍　1967年

槍ガ岳夕方の逆光線で黒一色の影絵のありさまが堅い形で見上げられた。中岳、南岳が目の前に眺められた。北穂高、奥穂高、前穂高あたり、涸沢《からさわ》から浮き上る夕靄の上に頭を出して夕日を少し受けていた。それは、まるで絵を見ると同じだった。

翌朝のことだった。登山客が一人もいない食堂を通りぬけて、二段式ベッドの部屋の方へ行ってみた。泊まり客は一人も無かったと思っていたのに、上の段のベッドから見覚えある若い男の顔がひょいと出た。よく見ると、毛布にくるまって、もう一人寝ていた。

前の晩、小屋の上の平地に天幕張った二人連れの若い男らだった。夜中に相棒が、腹痛をおこして、しかたなく小屋へ半泊まりしたありさまで元気のいい方の若い男は、わたしに困った顔つきして話した。

リュックを小屋へ置いてわたしは小屋を出た。小屋の上のシャクナゲなど生えている岩がんどの中に、何本もの石積がしてあった。その下の平地に、夕べ、腹痛を起こした二人連れの張った黄色い天幕が、張りっぱなしになっていた。断崖の突鼻に、アンテナの棒が立っていた。

わたしは、槍ガ岳への道を登った。岩がんどの痩せた稜線をしばらく登った。槍沢からも、天上沢からも、朝の冷たい空気が顔に当った。岩がんどの道が、槍沢側の方になると、岩肌が直角の度合で、槍ガ岳の頂上から槍沢まで続いているありさま、上見れば足がふるえ、下見れば目まいする気弱なことだった。樹木一本なく、岩の割れ目に、少しばかりの植物が生き延びている格好に、わたしは、自分の気弱を考えた。

槍ガ岳山荘のそばを素通りした。岩につかまり、鎖をたぐって頂上へ登りよったら、働く身仕度の年若い男が一人、下からわたしを追いかけるように身軽な登り方して登ってきたものである。年若いのに、なかなか達者なものだと驚いた。以前登った時は、なんでもなかったのに、岩角つかまえる手元も、岩角踏んまえる足元にも、ぐらっと崩れるんじゃなかろうかという、無気味な気持して、登る調子がわるかった。年とったせいかなと思った。

頂上へ登って見ると、石の祠《ほこら》がそのまま祭ってあった。いつ建てられたものか、方向盤が頂上のまん中にあった。頂上のへりの角がんどに立つと、身体の重心を失って、垂直の断崖の下へ、まっさかさまに転落する錯覚を起こすのに身ぶるいするありさま……。年とった気弱さに哀れが身にせまった。わたしは、まん中の方にある方向盤につかまった。なにかしら気持が落ちついた。方向盤と四方の山を照し合わせて眺めまわした。

わたしを追いかけて登ってきた青年は頂上へ登るが早いか、方向盤と山を見くらべて、つかつかと、北鎌尾根の上に当る岩がんどへ腰かけて断崖へ足をぶらぶらさせた。軽業のありさまに、わたしは青年を見て冷々した。

ヒュッテ大槍の赤い屋根がま下に当って見下ろせた。断崖の上にこっぽり建つ格好は、上から見下ろすと、まったく、古城を思わすものがあって、うまい場所見つけて建てたものだと感心した。

東鎌尾根の岩がんどの行き先を追うと、西岳小屋、前の日歩いた山々の稜線だ。稜線の細道がかすかに見えるようだった。灰色がかった山々の稜線の長いこと、よくも歩けたものだと、大きな溜息をついた。

西鎌尾根の根元の小槍に、派手な色合いの身仕度の二人の男が上と下で、ザイル弧の形して、岩にへばりついていた。気弱なわたしなどに出来るもんじゃないと、神経にこたえた。北アルプスの北の端の山々が、紫色で眺められた。一度でも、自分の足で踏んだ山は、それとわかるものだと気づいた。

足元に見下ろせる槍ガ岳山荘は、山の上に建つアパート群のありさまで、なかなかの見物であった。建て増し工事するのか、働く身仕度の人らが小屋の近くに多勢動いていた。都会の工事場のありさまほどにはいかんが、山の上の工事場風景は異様な眺めだった。

小屋を朝出た人たちだろう、南岳の土手っ腹を這い登る格好の四、五人の姿が見えた。動くとも見えんが、またたくまに南岳の頂上の線の向こうへ、その人らは見えなくなった。穂高の方の山々が午前の日うけて、明るくまばゆかった。

槍沢をへだてて、天狗っ原あたりの残雪の格好が緑の色に縁取りされていた。残雪は、槍沢へ出張った断崖の岩壁に、べっとり垂れくっついていた。岩壁の下の草つきの中に、細々と横の線が見えた。槍沢から、天狗っ原へ行ける踏跡だろうかと思った。

天狗っ原にあるという水溜まり、雪の下にかくれているのかそれらしいものも見えなんだ。そこだけのありさま、冷徹一途な風景の絵であった。単なる山の風景画でないものが頭の中へしみこんだ。わたしは思わず大きな息を深く吸い込んだものだった。

わたしは、槍ガ岳の頂上の岩がんどをいつの日か、また、踏んまえることがあるかどうか、わからんと思うて、目と心をはたらかすことで、四方八方の景色、空気の流れを頭の中へ詰め込んだ。

頂上から、岩にすがって下りるときだった。鉄カブトをかぶって身仕度した人ら、派手な色合の身仕度の若い女の人ら、気取った格好の若い男の人らが多勢無駄口たたいて頂上へ登るのと、岩がんどの足場をゆずり合ってすれちがった。鉄カブトの人らの中に、小型無線の電話器を持っている人が一人いた。鉄カブトの一人は若い女の人の尻を押し上げたりして、岩がんどの登り方の手伝いしていた。どなたさまのお登りだろうかと思えるありさまだった。鉄カブトの人が若い女の人の尻押しするのはきつい岩がんどの登りなればこその役得みたいなものだろうかと、わたしは横目つかって眺めたものだ。

槍ガ岳山荘は、登山者を迎える準備の真っ最中なんだろうけれど、小屋の中はひっそり閑としていた。朝日がぽかぽか当る小屋の屋根では、アルバイトの人らしいのが、掛け声勇ましく、動きはのんびり蒲団干しのありさまだった。山の盛んな頃になったら、うろちょろしとるもんなら、勇ましい連中に、突き飛ばされんばかりの混雑が、この頂上の一角に、突風のありさまで起るのかと考えて、小屋の静かさが夢のようだった。

軽業師のありさまでやっていた青年が頂上から下りてきた。工事を見張っていたきつい顔の男がつかつかと、青年の前に立ちはだかった。朝っぱらからどこへ行ったった。捜し回ったぞというような意味のことといって、青年をこずき回していた。

常念岳の麓で生まれ、そこで育った。中学校の頃、槍ガ岳登山、山が好きになった。山の現場仕事で喜んで槍ガ岳の仕事場へ登ってきた。頂上で、その青年がそんなことをわたしに話したものだった。頂上で楽しんだ山上の思いも、青年の胸から、さっと消し飛んだことだろう。山上のそのありさまの空気は気弱なわたしの神経に、少し突き刺った。

槍ガ岳から、槍沢を下るのは、わたしには初めてのことだった。ガラガラの石ころ道を一気に下った。あたりには、緑の葉っぱのものはほとんどない。殺風景なありさまだった。人の踏み荒した一帯の格好からは、雪線上でありながら、雪線上にあるはずの創世代の地肌の空気は吸えなんだ。

わたしは槍沢の下り道で、途中から、殺生小屋の前を通って、ヒュッテ大槍への道を登った。前の日、地ならしした岩がんど道には一つの足跡もなかった。わたしが、初歩きかと思って、足元もやんわり歩いた。

槍ガ岳頂上からは、静まりかえったヒュッテ大槍を見下ろしたものだったが、小屋に帰り着いてみると小屋の人らの動きが少し激しかった。梯子掛けして、屋根の上と、下とで何か話し合っていた。これも、登山者を迎える準備のうちだろうかと思った。

前の晩、腹痛を起しておそく小屋へ半泊まりした二人連れの青年も腹痛がよくなって出発したものか、小屋のどこにも姿が見えなんだ。小屋の裏手になる場所が、槍沢への下り口だった。小屋の建つ断崖の横手、草付の急斜面に、上から下までのじぐざぐ道が、肝を冷すありさまに覗かれた。すねががくんがくんしてたまらんことだと思った。小屋の人らは下り口まできて、わたしを見送ってくれた。小屋の人に弱気見せまいと、少々見栄はって、急斜面のじぐざぐ道をさっさと下る格好のありさま、わたしには、つらい下りだった。

草の急斜面は黄色い花、白い花がいっぱいだった。ビニールの管が、輪巻きのまま放り出してあった。断崖の上の小屋へ水引く管だろうと思った。槍沢の本筋、がら場に下りつくところで、緑の草付き地帯が終った。キバナシャクナゲだろうか、草にまざって、いっぱい生えていた。殺生小屋の下あたり、少し歩き抜かしただけで、待望の槍沢下りしたのであった。

いつもの年より雪が少なかったそうで、だから、写真で見ていた槍沢の風景と、実際に見る槍沢の趣は少々違っていた。

がら場の窪地にぽっちり雪が残っていた。石積みの囲いが、そのそばに、がっちり残っているようすは小屋跡らしかった。石油かんが、石積みの囲いに寄せて積み重ねてあり、あたりのがら場は油じみて汚れていた。断崖の上の小屋の水場はこのあたりのようだった。

なだれ落ちた岩石が積み重なってできた、段丘みたいなありさまの場所、所々にあって、段丘の土手っ腹は垂直の格好で、灌木がいっぱい繁っていた。垂直の格好の横を下る道は、ひどい下り坂だった。すねががくんがくんした。下り坂の下で、振り返って上を見たら、槍ガ岳は、段丘の土手っ腹に隠れて見えなんだ。真っ青な大空が、吸いこまれるように見上げられるだけだった。

段丘の土手っ腹の灌木の中で男一人、女二人がもそもそしていた。男の方は体力というのか、腕力といおうか、灌木の中を遮二無二登った。土手っ腹の上に立ったかと思うと、下を見下ろしもせず、さっさと歩いて、姿が見えなくなった。二人の女の人らは土手っ腹の灌木の中で立ち往生の格好、三人連れかと思ったが、どうも、そうではないらしいありさまだった。それにしても、登り道でも無い近道にもならんかん木の中を無理なことするなと思った。

流れの幅が広くなり、ごろついた岩石に、水しぶきがかかるようになると、道が流れからはなれた。雪が、べったり残っていた。雪の上の踏跡をたどって雪の上を通りすぎてからは、歩く道は平地だった。振り返って見上げると、断崖にはさまれた槍沢が、掘り切りの格好だった。歩く両側の木は繁り合って、葉っぱの上を蝶々がたくさん飛んでいた。水が増して、水音高く樹木の中からきこえてきた。

樹木の間から小屋の屋根が見えて、そのそばに、土で形づくったような丸味ある建物が、わたしには、目立つものに見えた。槍沢の小屋だった。小屋は入って見ると、外で見たよりは、粗末なものに思えた。がらんとした土間の奥の方に、年配の人と、若者と二人いた。ちょうど十二時だったので、簡単な昼飯を食った。丸みのある建物のことをきいたら、小屋を閉めた冬に、蒲団など入れとくものと、年配の人はいった。先年の冬、登山者の不注意から、小屋が丸焼けになった。そのことを思うた。丸焼けを防ぐため、コンクリートの丸型屋根の倉庫を建てたんだろうと思った。

槍沢の小屋からの道は、緑の林の中の平地の道で、とっと、とっとと歩けた。右側の林の中に、ちらりと、川の流れの勢いが見えたりした。林が開けて、泥田が干上ったあんばいの場所へ出るところの山ぎわに、大きな石があって、石の間から、清水がこんこんと湧いていた。清水は通る道を横切って、小さな流れになっていた。わたしは、清水が少し淀んだところで口つけて水を飲んだ。水面に顔をつけていたら、小石のそばへ、なよなよと泳ぎよった真っ黒なイモリのようなものを見つけた。手にすくい上げて見たら腹は赤くなかった。サンショウウオかと思った。小さな真っ黒い物、手の平から砂地へ落ちて、身体をくねらせ水の中へ逃げた。

体格のいいひと癖ありそうな面付《つらら》きの人、小さなリュックかついで、若い女の人を連れてくるのに行きあった。干上った泥田のような場所を二人後先きの格好でむっつりと、のたりのたりと歩いていた。どう見ても、まともな登山者じゃなさそうだった。

どうも槍沢の小屋からの道の長ったらしさに、うんざり気味で歩きよったら、川幅が広くなり、川岸に岩のごろごろしている場所へ出た。道下の岩に腰下ろして、川面をじっと見ている人がいた。リュックのかわりに、木製の背負子《しょいこ》に、大型の写生帖一冊のっけただけのものをかついでいた。美校の生徒で、今年も、夏休みに山小屋アルバイトで、登る途中の青年だった。川幅は広く、そのあたりだけ、水が淀んでいた。対岸の原始林が黒々と繁り合っていた。一服するにいい場所だった。

木の橋のところに、やりっぱなしの雨戸閉ざした山小屋があった。入口に、小屋の営業止める意味のことを書いた板切れが打ち付けてあった。山のてっぺんの小屋は建て増しするというありさまなのに、平地の小屋は経営が成り立たぬ、ままならぬことだ。あたりの原始林の深さに、人のいない小屋のありさま、まったく、淋しささそうものだった。

平坦な道をどこまでも川に沿うて歩いた。向こう岸の原始林の山はだんだん高さが無くなり、横尾の出合も近そうで、なかなか遠く、足元はまったく疲れきった。長い橋が見え、川原に天幕、人影がうろちょろしていた。大木の幹の透き間に、横尾山荘の小屋が見えた。まったくほっとしたものだ。

広々とした山合いの川原は明るかった。麦わら帽子をかぶった女の子ら、橋渡ったり、川原歩いたりしていた。見覚えある顔の男二人、女二人の人らも川原で車座を作り飯を食っていた。燕岳から、ずっと、先になり、後になりして一緒に歩いた人らだった。また、その人らに追いついたのであった。

わたしが、横尾山荘でお茶を飲んでいたら、男二人、女の二人の人らも、外からはいってきた。わたしが、その人らの方を振り向くと、女の人が笑顔の挨拶をした。男の方の一人は、小屋の外から、カメラをわたしに向けていた。カメラの方がすんだものか四人の人はリュックをかついで、上高地の方角さして、さっと歩いて行った。

涸沢へ

横尾山荘の前に架かる手すりの無い長い板橋の上は、上流槍沢の方から、かなり強い風が吹きぬけていた。板橋の上歩いていて、手すりが無いから、身体が川原へ吹き飛ばされそうで、わたしは、気色わるかった。

板橋の上には、若い女の人らが何人も、強い風吹く中をぶらついていた。山行き身仕度だから、女の人らの裾が風にめくられることもない。頭にかぶる帽子、両手でしっかとおさえているありさま、昔の浮世絵の艶めかしさを連想させて、わたしはなんとなく気になった。

橋の下手の川原は川向こうに岩肌を見せた山が、大きくせまり押し潰されそうなありさまだった。その川原に、色どりある山行き姿の男の人ら、女の人らが大勢いた。川原に画架立てっぱなしで、写生帖だけ持って、橋の方を見ている人が印象的なものだった。

平地のありさまで、うす暗い原始林の中をぬけた。道が、少し明るくなったところで、白い鉄かぶと、小型のリュック、ピッケルを持って、頑丈な山靴はいた中年男が、早足で下ってくるのに出あった。立派な山行き身仕度だけれど、都会育ちの登山者のような派手さはなかった。なにかもさもさとした山男のありさまだった。それもそのはず、その中年男は、地元で組織された山岳パトロール隊というものの一人であった。

山の上の勤務交替で、里へ下るところであった。交替する相手の人は、横尾山荘で、お茶飲んで休んでいた白い鉄かぶとをかぶった人がいたが、下ってきた中年男と立ち話しているうちに、それとわかったものだ。横尾山荘の鉄かぶとの男も、身仕度はなかなか意気なものだった。この若い男、何に者ぞと、わたしは内心考えたものの、何者やらわからなんだ。その若者はわたしが涸沢へ登ることを話したら、一緒に登ろうやといったものだが、わたしが横尾山荘を出るときになると、白い鉄かぶとの若者は、どこかへ雲隠れしていて、姿が見えなんだいきさつがあった。

下ってきた中年男との立ち話で、槍ガ岳の白い鉄かぶとをかぶった人らが登山者に力をかしていたいきさつも、やっとわかったものである。

岩小屋の下に、ビニールで、きちんとくるんだ人の身体ほどのものがあった。岩の周囲は樹が繁っているし、なんとなく、あたりは湿っぽい。そんなもの見るのは気色わるかった。槍沢の岩小屋にも、物がおいてあったが、それは山の世帯道具の乱雑なありさまだったから、古道具の店先のようで、眺めて苦笑するよりほかなかったものだ。山を一人で歩いていると、想像たくましくなるなと思ったものである。

横尾谷の川ぶちの道は平坦だから気楽なもんだったけれど、いくら歩いても、左岸にせまる屏風岩の岩壁の変わらない眺めには、威圧を感じてたまらなんだ。

涸沢　1955年

横尾谷から屏風岩側へ渡る橋は立派なのが架かっていた。横尾山荘の前の新しい長い橋を渡るのもはじめてだったし、横尾谷の新しい橋を渡るのももちろん初めてだった。そうしてみると、涸沢へ登ってから、何年ぶりかであろうかと思いながら、とうとうと湧き出る道端の清水を飲んで一服した。その清水、何年か前の十一月に登ったときも、一緒に登ったN君と、屏風岩からの清水だと、二人で飲んで、川端の岩に腰を下ろして一服したものだった。そのとき若い男が一人登ってきてN君と一服しているありさまをぱちりと写真にとった。写真できたら一枚もらいたいなと、わたしは無心冗談半分にその若い男にいったら、その若い男、本気にして、写真送ってきたものだった。それがたいへん美しいカラー写真だったので、わたしは、いまでも、その若い男に金かけさせて気の毒なことしたと思っているありさまだ。

涸沢への登り道も、なかなかたまらん道である。でも以前よりは、歩きよい道になっていた。山小屋の荷運びする若い人が下ってきた。名前だけ知っていて本人にはまだ逢ったことのない青年じゃないかと、わたしは声かけたものだが、それは、まったくの別人だった。

わたしは、横尾山荘で休んだとき、小さな手帖を忘れたことに気づいていたので、相すまんが、その手帖、わたしが山を下るまで横尾山荘へ置いといてもらうよう、若い荷運びの人にことづけ頼んだ。若い荷運びの人、わたしが、その晩泊まるつもりの山小屋とは別な山小屋の関係の人だったが、自分は、明日の朝登るから、その手帖持ってきましょうと、ひどく親切なことを約束してくれた。

わたしは雨に降りこめられて、山小屋へ二晩泊まったものだが、心待ちした手帖はついに山小屋へ届かなかった。しかし、わたしが横尾山荘へ下りついて、手帖をテーブルの上に忘れたことを話したら、横尾山荘の若い女の子が奥の部屋から小さな手帖持ってきて、これでしょうかと、わたしの目の前に置いた。気持よう取り計らってくれた娘さんが、なにかきわだって美しい娘さんに見えた。わたしは、人のよさをさらけ出した格好で、食うもの余分に注文などしたものだ。思い出すと、少しばかり阿呆らしいというより、年がいもなく恥ずかしいことをしたなと思ったりする。

わたしが泊まるつもりの小屋の新しく建てた小屋がこんもりした繁みの上に眺められてからの道が、いやというほどはかどらなくてたまらなんだ。涸沢をぐるりと囲む山々の岩壁は、すっかり日がかげって、夕暮れの色あい一色で、こまかな見分けつかなんだ。ぽつんと一人、岩がんど道を息きって登るわたしには、涸沢の空気はかなり圧力のかかるありさまだった。

こんもり繁った灌木の場所へたどりついてからも、岩がんど道はつらかった。気持ばかりはあせっても、くたびれた足元がいうことをきかなくて、わたしはもうひと息だぞと、両手で両足のズボンをつかんで、足の運びを持ち上げて登った。岩がんど道、みんなでたらめ歩きするもんだから、どの岩がんど道を登ったらいいやらわからんありさまだった。目の上に小屋を眺めながら、岩がんど道を何度も踏み迷っては溜息ついたありさまだった。

繁った灌木の下の方、大きな岩のある場所に、天幕がいくつも張ってあった。若い男、若い女が、声上げて話しながら、ちょろりと流れる水のそばで夕飯の支度していて、まったく楽しそうだった。以前はこのあたりは天幕を張らなかったものだが、天幕張る場所が満員ではみ出た人らの天幕張りかと思った。

天幕張ったそばのちょろり流れのその上は、小屋の水洗式だという便所があるのに、よくその下で夕飯の支度できるなと思った。

小屋のま下まで登りついて、登り道を踏み迷い、新しく建った小屋の、石積につき当たってしまった。石積をかき登るより登る手だてもないので、くたびれた足に最後の力こめて、石積をすがり登った。

新しい小屋の方は木材が乱雑に取り散らかっていた。入口らしい場所の足の踏み場もないありさまに、わたしは、新しい小屋へはいるのを止めて、一段高い古い方の小屋へ上がって行った。

古い方の小屋の前庭も、木材や、小屋建てる道具などが散らかっていたが、以前のままの小屋のありさまだった。わたしは、それを眺めて、やれやれ小屋へたどりついたと、ほっとしたものだ。

小屋の帳場の窓越しにのぞいたら、若い娘さんがひょいと顔出して、紙切れ出して、記帳するようにいった。いわれるままに記帳して新しい小屋の方に泊まりたいこと頼んだら、小屋の一部が雪崩で壊れ修繕中で泊まれんといった。旧《ふる》い方の小屋へ泊まることになった。わたしは新しい小屋で、のうのうと手足伸ばして泊まれると心勇んでいたものだから、がっかりしてしまい、くたびれが一段とひどく感じられた。

帳場の若い娘さんは心得たもので、わたしのくたびれ顔を横目でちらと見て、山登りのこと御苦労様というような愛そうの言葉かけてくれた。若い娘さんに、愛そうよい言葉かけられて、がっかりしたわたしの気持もすっかり明るくなった。

登山の泊まり客はあまりなさそうだった。ストーブ囲んで話し合っている人らは、新しい小屋を修繕する人々と、白い鉄カブトの山岳パトロール隊の人々だった。わたしが土間でまごまごしているときにも、白い鉄カブトかぶった一人が小屋へ帰ってきたありさまだった。その人たちが、そうとう幅きかせそうだなとわたしは考えた。

小屋の若い男がわたしの泊まる二階の部屋へ連れて行った。部屋は、まだランプをともしてないから、暗かった。その部屋は先年N君と登ったとき、二人きりで泊まった部屋で、わたしは、なんとなく、部屋の中がなつかしかった。

山登りの泊まり客が無いわけではなかった。隣りの部屋、前の部屋、そのどの部屋からも男とも女ともつかぬ静かな話声が、暗いわたしの部屋へもそもそきこえてきたものだ。かなり泊まり客があったわけである。土間のストーブが作業の人や、パトロールの人に囲まれて近よれず、みんな、部屋へ引きこもったのかもしれんと思った。

小屋の若い男、相部屋で相すみませんといって部屋を出て下へおりた。わたしは、一人泊まりかと喜んでいたものだが、さて、相客というのは、野郎だろうか、女だろうかと、かっと目見開いて暗闇すかして見た。リュックに身体もたせて、片隅へちぢこまっている人が女の人だと見わけられて、はっと息をのんだ。老体でもわたしは男である。なにか得体の知れんこだわりが、胸ときめかした。

ゆり　制作年不詳

山小屋と女の人ら

小屋の若い人、娘さんと、相部屋になること言って、下の方へおりて行った。薄暗がりの、二階の部屋の隅っこに、娘さん、ちぢこまった格好で、リュックにもたれ坐っていた。はいってきた知らん野郎と、相部屋になるの気色わるいとでも思案しているありさまともとれる格好だった。

小屋の若い人から、女の人との相部屋だときいて、顔の筋肉がゆるんだ気持したんだけれど、年甲斐もないことと、自分の胸に手を当てていた矢先だったから、これは、娘さんに腹の内を見すかされたか、と気廻わして、少し恥ずかしい気持がしたものだ。

恥ずかしい気持がしたその照れ隠しに年寄りとの相部屋になって気の毒なことになった。そんな意味あいのことを娘さんの方を向いて、お愛想にわたしは言った。明るい声して、娘さんがわたしの言ったことに、受け答えしてくれた。明るい声をきいて、わたしとの相部屋をそんなに気にしてないなと思った。わたしは、実のところほっとした。

梯子段きしませて、ランプ持った小屋の若い人が二階へ上がってきた。部屋と部屋のしきりに、何か一人ごと言って、ランプをぶらさげて下へおりた。ランプのあかりで娘さんの気も落ちついたものか、わたしの方を平気な顔して見ていた。窮屈だった部屋のありさま、それで、さっぱりしたものだった。

泊まり客は少ないということだったけれど、下の部屋、二階の部屋、どの部屋からも、もそもそ話声がきこえてきた。カーテンでしきりした向かいの部屋、話声で若い男の人と若い女の人とわかった。若夫婦の山登りかもしれんと思った。

娘さんと二人だけの、広々した一部屋だから、わたしは部屋の真ん中へ寝床つくったものだが、女の嗜《たしな》みというものか、娘さんの寝床はことさらに、板壁にすりつくありさまに蒲団を敷いた。年寄といっても男であってみれば、娘さんがやはり相部屋にこだわることも無理ないと思った。

朝、目が覚めたら、かなりの雨風だった。とっさに、わたしは小屋泊まりする腹をきめた。

軒下の低い窓、横尾の尾根の方、はげしい雨の中に眺めた。低い窓の下、新しく建った別棟の小屋のゆるい勾配の片屋根がこっちに向いた色合いは、四辺の新緑の景色の中へ、馴染みにくいありさまに眺められた。

娘さんはすでに寝床をきちんと始末していた。夕べと同じ格好して、リュックにもたれ坐っていた。様子では、朝の身づくろいもすんだようだった。

ゆうべ眠れたかということ、わたしは、お愛想笑いしてきいた。娘さん、眠れなかったといった。

さては、娘さん、男との相部屋にこだわって、まんじりともせず、夜を明かしたかと思った。しかし、よくきいてみると、男との相部屋にこだわって眠れなかったのではなかった。わたしの、ピストン式大いびきと、歯ぎしりかむ猛烈さに、眠っては覚され、覚めては眠りのありさまだったことがわかった。眠っては大いびき覚めては大恥かくんだなと、顔ほてらして、娘さんの前、手つかんばかりの謝りかたいったものだ。

小屋の外、雨の中を、立ちすくんで、天気の思案している人が何人もいた。雨の身支度をしっかりして穂高を乗り越して、飛騨側蒲田《がまた》温泉まで行こうという、若い男と、若い女の二人が強い雨風の中を出て行った。

山岳パトロール隊の人が、雨風の中を行くのは無理だと、ずいぶんと諌《いさ》めたもんだが、二人は、一歩も後へ引かぬありさまだった。

パトロール隊の本部は、あっちこっちに駐屯している分隊と、時間をきめて無線連絡している。朝の連絡のとき、小屋の前の庭先で、雨に濡れて、年配のパトロール隊の隊長は、小さな無線機を耳にあててゆったりした声調子とって、穂高の方を見上げて連絡とっていた。二人の男女が、蒲田温泉の方へ下るといって登ったから、穂高小屋泊まりするように注意することの言葉がきこえた。

相部屋となった娘さんも小屋の外へ出てきた。寝不足の目が腫れぼったかった。腫れぼったい目しているなと、顔ぬすみ見て驚いた。ゆうべから、年若い娘さんとばかり部屋の中で見ていたものだが、昼間の光だと、どう贔屓《ひいき》目に見ても、娘さんとは見えなんだ。小皺のよった顔には、中年もはるかに過ぎたものがあった。小皺の顔の女の人なら、そんなに、気を病むことなかったと、自分が馬鹿馬鹿しかった。小皺の女の人、笑顔つくって話しかけてきた。娘さんじゃなくなったので、なんだか興ざめになった。その女の人の話しぶりから、判断して、普通の山登りの女の人でないことがわかった。なにか物でも書こうとする面がまえが、小皺の顔からよみ取れた。

雨風は一日中続いた。午後になると、次々と人が登ってきた。翌日が休み日だからだろう。大学生みたいな若い人と一緒に、若い外人の学生も二人登ってきた。小屋は、二階の部屋も、下の部屋も、満員のありさまになった。二人の外人は下の部屋へ割り当てられた。右も左も、若い娘さんがいっぱいの場所、外人は大よろこびだった。一人の外人が大げさな身振りして、口早に何かしゃべった。英語はわたしにはちんぷんかんぷんでわからなかったけれど、外人の、大げさな身振りや、顔の表情で、その場の空気はわかった。

帳場を受けもつ小屋の娘さんが外人のそばに行って、日本語で、そんなことなさるようならお泊まりお断りしますと、きつい顔付していった。帳場の娘さん、外人のしゃべった英語の意味わかったのだろうか、手厳しいことずけずけいう、娘さんの度胸、えらいもんだと思った。

外人はたしなめられたことがわかったものか、大げさな身振りして身体をすくめた。それ見て、まわりの娘さんら、くすくす笑った。

夕方近く、雨の中を濡れて、どかどか大勢登ってきた。小屋へはいると、ストーブのそばの、長い腰掛の上にべったりのびた女の人がいた。亭主らしい人、女の人の背中さすっておろおろしていた。ストーブ囲む人らは、ただそれを見ているだけで、手出しできなんだ。

のそっとして、そのありさま見ていた関西弁の大男の人、手出しせぬ人らを、笑顔で見まわし、高山病だろうといった。自分のリュックをごそごそかきまわして、薬を出して女の人に飲ました。しばらくして、気分よくなったと見えて、女の人、けろっとしたありさまだった。

前の晩の部屋が、その晩もわたしの泊まる部屋だった。若い人らの一団が、五人も六人も詰め込んだ。隅っこの場所の、小皺の女の人、板壁へ張り付くありさまに、押しつけられることになった。それを知った小屋の若い人、娘さんらを大勢詰め込んだ奥の別な部屋へ、小皺の女の人を連れて行った。何にか楽しさをもぎ取られた気持がわたしの心の隅にあった。

前の晩の相部屋、なまめかしさが部屋いっぱいだったが、蒲団は寒々としたものだった。その晩は、元気のいい若者大勢との相部屋で艶消しのありさまだったが、むんむんする人いきれで、汗かく暖かさの蒲団だった。どの部屋も、ごった返していたものだ。どの部屋からも夜ふけまで、うんだらうんだら話声がきこえた。

翌日の朝は、天気がよかった。穂高の方へ登る人、上高地の方へ下る人、方々へ、それぞれ、小屋をあとにして、皆んな散って行くあんばいだった。

前の晩おそくなって、登ったという小屋の管理人Kさんに逢うのははじめてだった。Kさん、もうひと晩泊まれというた。しかし、わたしは足元も、気持も、涸沢の小屋の外へ出て、下る支度ができていた。Kさん、それ以上引き止めることを断念したあんばいだった。

前の晩、自分でかつぎ上げた生ビールの大びんがある。はじめて逢って、すぐ別れる。お別れに一杯やると、Kさんいった。

小屋の近くにある平べったい大きな岩、昼寝岩の上へKさんと、わたしは向かいあいにあぐらかいて坐った。岩肌の冷えが、やんわり尻に伝わった。

涸沢を取り囲む高いあの山、この山から、ごつい岩壁を吹きなでた風が昼寝岩めがけて吹き下ろすあんばいで、あぐらかく岩の上は寒かった。冷たい生ビール飲んで、わたしは、腹の底まで冷えきった。Kさんの目の前で、がたがた胴震いした。

Kさんは、新しく建った別棟の小屋の中を見せてくれた。行き届いた設計だった。山小屋というより、山の上のホテルといいたい設備のありさまに、目をむいて驚いた。それにしても、山小屋建てに精根打ち込んで、もうひと息で出来上るというのに、その完成も見ないで病に倒れ、ついに亡くなったN社長は心残りのことだろうと、Kさんしみじみと言った。わたしは、思わず目をつむった。

松本の方の青年で、夏の頃だけ涸沢の小屋の荷上げの仕事して、荷上げの季節がすんだら、せっせと、絵をかいている人がいて、いつか、わたしに、手紙をくれたことがあった。涸沢谷を下りよったら、逢えるだろうと思っていた。わたしの下る途中で、その青年が荷上げで登ってくるのと、うまく出会うと、Kさんはいった。

下りの石ころ道、とっとと下りよったら、荷上げの一人二人、立ったまま、その一服しているのに出会った。わたしが逢いたいと思っとった絵かき青年が、その一人だった。二言三言絵かき青年と話した。荷上げする人、だいたい一服する場所も決めた時間以上は休まぬと聞いたことがある。長話はいけんと、話も早々に切り上げて、わたしは、青年に別れて道を下った。

わたしより、よっぽど先に、涸沢を下った人らに、横尾山荘のあたりで、追いついた。その人ら、ずいぶん道草食ったものである。上高地の方へ下るという人らと、徳本峠《とくごう》の分れ道で別れた。

ある週刊誌の記者という人ら、三人がかりで、そこら歩く娘さんを写すんだと、カメラ向けてねらっていた。カメラ向けられると、連れ立った娘さんら、そんなことに無頓着、そっぽ向いて行ってしまうありさまに、記者の人ら、物にならんと、手こずり気味だった。

清水の流れる小川に沿うて道は少しずつ徳本峠の方へ登った。深い森林がどこまでも続くありさまでまったく静かな道だった。

登り道になって、しばらくすると、森林が途切れた場所に出た。山のてっぺんの土手っ腹が山崩れで、谷筋の森林を押し流し、本流の谷間を埋めたありさまはそう以前の出来ごとではなさそうだった。大きな岩、小さな石、半分埋まった幹、なぎ倒された大木の根っこ、天へ向かって網広げた格好、雑草さえまだ育っていない土砂の小山、その時の物凄さはまだ消えてないありさまだった。

本流の谷を土砂で塞ぎ止めて出来た小さな池は、どす黒く水が淀んでいた。シラカバの幹、二本、三本白々と、水に映っているのが、無気味なほど奥深い山の中の静けさだった。

一服してから、年配の夫婦、若者の夫婦と見える四人連れが身軽い格好で、山を下ってきた。親子の夫婦かと思ったが、歩きながらの話し具合では、勤め先きの上役と、下役の仲のようだった。上高地へ旅館泊まりして、徳本峠見物を、下役が道案内したものと、わたしは、見てとった。


黒々と繁った原始林の山が深々と、徳本峠の方へ続いていた。陽の目も見ぬありさまの、原始林の中の登り道はしっとり冷たく湿っていた。巨木の枝にたまった霧の雫《しずく》が、身体にも、足元にも、ぽたりぽたり落ちるあんばいは、まったく深い山のありさまだった。

山男たちが、登り下りした花やかな、山の花道だった昔のながい歴史を、まざまざ見せるように、でこぼこ峠道の岩がんど、山男の足元で、すりへった格好だった。

徳本峠は、そんなことを考えさすまったく静かな峠だった。峠道が踏み荒れていないというのも、これは、山の季節にはまだ間のある頃に、峠越えたものだから、ひときわ物静かだったのかもしれん。

道ばたの踏みかためたようなかたい土の場所に、ユリの花が一株咲いていた。クルマユリかと、花にさわってみた。山の季節が盛んになったら、あっけなく、泥靴で踏みくちゃにされる場所である。花の見せどきもここしばらくのことかと思った。

小さな滝の下を通った。丸太で作った腰掛のそばの立木に、峠へ汗かいて登る人に、いたわる気持書いた板切れがぶらさげてあった。小さな滝の水飲んで、板切れの文句読んだ。峠の頂上、もう近いこととわたしはほっとした。

一度、二度登り道が曲り登った。イワカガミの花が少し咲いていた。イワカガミにまざったありさまで、ジガバチソウだろうかと思えるラン科植物がいっぱいあった。そのあたりから登り道は道幅が広くなった。はき清めたありさまのきれいさだった。登り道のそばの灌木に、峠の小屋まであと五分、というような文句書いた板切れ、ぶら下げてあった。深林がなくなって、あたりは明るくなったが、小雨がとたんに、ぱらぱら降ってきた。もう、小屋も近いだろうと思って、雨支度はしなかった。

登り道が平地になったとたん、胸にぶつかるありさまのま近に、徳本峠の小屋があった。小屋は、稜線の鞍部の一部を平地にして建っていた。稜線が小屋の前と後ろへ向かって高まり、そこは深林につながっていた。

小雨にも濡れたが、きつい登りで、汗ぐっしょりになっていた。あけっぴろげた小屋の居間のこたつに男の人、若い娘さん二人が、暖まっていた。わたしは、その人らの前もはばからず、大きなリュック投げ出すと、恥も外聞もなく、汗だくの着物はぎ取って、上半身まっ裸になった。

わたしの行儀わるさ、あきれ顔して眺めていたらしい三人の男の人、女の人ら、顔見合わせているありさまだった。それでも、わたしが泊まり客になることがわかると、何者だろうと男の人は思ったものか、わたしに名前きいた。わたしは、素直に自分の名前をいうた。

ところが、男の人の前に坐っていた二人の娘さん、どうしたことか、びっくり顔したありさまで、こたつからさっと腰浮かした。わたしのえげつない毒気にあたって逃げ腰したかと、わたしは、気色わるかった。

337　老登山家　1955年

山を下る日

徳本峠の山小屋の軒先に、お休み所と書いた幟旗《のぼりばた》でもたてたら、明治、大正、昭和のはじめにかけて、水彩画界で活躍されたすでに故人の、M画伯の作品によく出てくる、街道筋の茶店そっくりの趣あるもので、こん日、まったくめずらしい小屋だと思った。

こたつに坐っていた男の人、女の人二人から、声をかけられて、おずおずと、わたしも、こたつにはいった。戸障子開けひろげた座敷のこたつで、足暖めながら、外の景色丸見えに眺めた。霞沢《かすみさわ》岳へつづく、尾根の取っつき、老木の深林、夕暮れの色合、ますます暗くなるありさまだった。

男の人、年若そうだが、小屋の主人だとは、ひと目でわかった。女の人二人、家族の人かと思って、雑談とりかわしたものだが、話の調子どうも、とんちんかんで、おかしなあんばいだと思った。雑談しているうち、小屋の人じゃないなと、気がついた。

一人の女の人、東海道の海岸の町の人、もう一人の女の人、東北の町の人、峠の風物が気にいって、しめし合わせて、毎年二人連れだって、峠の小屋で、何日も山暮しするのだということがわかった。

わたしもよく知っている山の雑誌の読者だということもわかった。その雑誌の執筆者の、だれやかれやのことなども、よく知っているありさまだった。ことに、誰それさんが、誰と結婚したという話など、実感こもる話ぶりに、やはり、この人ら、娘さんなんだな、ことに年若い娘さんだなと気づいた。

わたしの髭面、娘さんつくづく見るふうで、お風呂わいてるからはいれと、親切にいってくれた。峠へ登って、何日になるか知らんが、娘さんらも、久しぶりのお風呂わかしだったそうである。お風呂の水、天秤棒《てんびんぼう》かついで、十五分もかかる下の方から、娘さんら、にない上げたそうである。峠へ登る途中に、小さな滝があった。その滝水をにない上げたお風呂なら、これは、とても、勿体ないお風呂へはいることになったものだと、わたしは、思案したのだった。

海岸の町からきたという娘さん、石けんに、薄刃の簡便なかみそりかしてくれた。小屋の裏手に、風呂桶が据えてあった。お風呂のふたを取ったら、湯気がもうもう立ちのぼった。娘さんら、十五分もかかる場所から、になない上げただけのことあって、お湯の量、自分の家のお湯の量と、比較するの無理なありさまのものだった。手を入れたら、やけどするほどの熱湯だ。うめ水も用意はしてあったが、娘さんらの苦労思って、熱湯をうすめなんだ。

熱湯の湯気がもうもうと立ちのぼっている風呂桶を自分の腹でふたする格好で、風呂桶のへりを両手両足で四つんばいになって、腹に湯気あて暖めたりした。蒸し風呂のあんばいであった。身体少し暖めて、髭そろうとしたのだが、髭長くのびて、針金のかたさなのか、かみそり使うのが不器用なのか、かみそりの刃がつるつるして、髭少しもそれんので、髭そりはあきらめた。

小屋の裏手の風呂桶の場所、吹きっさらしの野天だから、人家多かったら、わたしの、風呂入り姿、おかしなもので、見られたものじゃなかったろうが、幸い峠の一軒家、だれに見られる心配なかったが、娘さんから、お湯のかげんどうかと、表の方から声かかったときは、まさか、男のお風呂入り姿、見にくることもあるまいと思いながら、熱湯のお湯つかることもできんし、身体かくすてだてなくて、うろたえたものだ。かみそり切れなくて、髭面のままこたつの場所へもどった。かみそり受けとった娘さん、気の毒そうな顔つきした。かみそりの刃にかぶせたセルロイドのサックをつけたまま、わたしは髭そりしたわけで、つるつるして髭それなかったわけ、娘さんの説明をきいてわかった。気のきかぬことしたものと、顔赤くなるほど恥ずかしかった。

山登りの季節には、まだ、少しまがあったので、山小屋としての登山者への準備はまだできていないありさまのようだった。娘さんらそれでも、近くの山の中から取ってきたワラビみたいなものや、近くの渓から取ってきたというワサビで、即席のワサビ漬など手作りの御馳走してくれた。

リュックで、かつぎ廻っていたアルコール分の手付かずが一本あったのを出した。小屋の若い主人、笑顔かくさなかった。わたしものみ、若い小屋の主人ものんだ。

晩飯の食卓は、小屋の奥まった部屋で、アルコール分がきいてきたか、若い小屋の主人は、いままでよりも一層話が活発になったものだ。峠へ絵かきに登った絵かきさんのだれかれの話をした。そういわれると、わたしの知人、Mさんも先年絵かきに登った。MさんやAさんのかいたスケッチ、こたつの場所の壁にかけてあった。

蝶とりにきた中学生が何日も泊まったことも話した。島々谷《しましま》から、徳本峠は、蝶の宝庫だともいった。

わたしは、次男坊から蝶とってこいとたのまれたが、蝶のこと、一つも知らんわたしのこと、わたしのとった蝶、見せたところ、一匹も、これはというめずらしい蝶とっていないと、若い小屋の主人、素人学者の鑑定を下した。わたしは、がっかりした。若い小屋の主人、次男坊にと、自分がとっておいためずらしいという蝶何匹も、お土産にせよといって出してくれた。何んという蝶だったか、蝶の名わたしは忘れてしまった。

泊まった山登りの人はわたし一人だった。屋根裏が泊まり場になっていた。広い場所へ、わたし一人何枚もふとん重ねて、ぽつんとねるありさまだった。

峠の場所、強い風が吹きぬけるか、小屋の庭先の大木の枝がゆれ、がさがさ音立てて、小屋の外はなかなか騒々しかった。風吹くありさまに、次の日も、天気よいかと、そのとき思ったものだった。

朝は、前の晩ふとんの中で思ったとおり上天気だった。朝飯すんで、弁当もらって小屋を早だちした。島々谷へ、いよいよ下るのであった。小屋の庭先に繋る大木のわきから、すぐの下り道だった。前の晩若い小屋の主人、道の草刈りまだしてないといったが、日当りよい場所の下り道、道塞ぐ雑草の繁りようだった。雑草をかき分けて、とっととっとと駆け下った。娘さんら、上の方から、さようならの声をかけてきた。返事の大声出して、上を見上げたが、雑草にかくれて、娘さんら姿見えなんだ。ぽかんと青空が口開いたあんばいの眺めだった。

小屋を少し下ったあたり、ワサビがあると若い小屋の主人から教わっていた。それとなく気をつけていたら、清水の湧く場所に、雑草にまざって、ひょろ長い茎したワサビが、四株か五株見つかった。

森林の中のじぐざぐ道を下りきると渓水に沿うて下った。渓水を渡り返す場所にもワサビがあった。そこのワサビは、もう誰かが目をつけたと見え、大株を引っこ抜いたありさまだった。

渓水の流れが大きくなった。だらだらと流れに沿うて下ると、滝の水音がずんずんとした。下り道からは、滝らしいもの見えなんだが、岩魚留あたりかと、下って行くと、建古びた岩魚留の小屋にぽっかり出た。

わたしは小屋で一服した。上り下りの山登りの人、無いものだから、小屋番していたおかみさん、昼寝していたか、小屋の薄暗い奥の部屋から目こすりながら、のそりと出てきた。

わたしが老体だと見ておかみさんは、お愛想に山の話をしかけた。徳本峠を越す人は、老人が昔峠越えしたころのこと偲んで、わりと多ぜい登られて一服しながら、小屋など昔のままだとよろこんでもらい、わしらもそういわれるとついうれしくなりますが、若い学生さんの峠越えは、小屋の前さっさと通りすぎるし、小屋をるすにでもしておいたものなら、小屋の方少し荒したりして困りますともいっていた。

ながい小屋番生活をしておるおかみさんは、こん日まで、峠越えする山登りの人らの一人一人の持ち前の気質を知りつくしているありさまで、昔の山登りの人らを思いふけるふうが見えた。

渓は、いよいよせばまって、夕暮れの暗さの大森林の中を下った。渓流の崖っぷちの道は林道だったようだが、崖くずれなどで廃道かとも思われる道だった。

渓流の水の中に、雪崩にあって死んだカモシカの死骸、道から見下ろせるが、先きごろ山登りの人が、角を取ってしまったと話してくれたので、わたしは、渓底に気をつけて見下ろして歩いたものだが、カモシカの死骸は見当らなかった。

島々部落へ出る峠のながい昔の悪路、上高地の牧場へ牛馬をよくも歩かしたものだ。崖っぷちの悪路から渓底へすべり落ちた牛馬もあったろうにと思った。

道のかたわらの雑草の中に、戦いに敗けた戦国時代の奥方がお供をつれて峠越えしてのがれてきたが疲労困憊、ついにこの地にたおれた、それを弔う卒塔婆《そとば》に案内碑が建っていた。

昔の悪路、ひっかけぞうりをはいた昔の奥方の旅姿、森林の中にほの白く浮かぶ思いがした。わたしは道を急ぎ下った。

道は平坦になった。森林も終って、渓も開け明るくなった。しかし、だらだらと、歩く道に、わたしは腹の中で、うんざりしたものだ。

水路の取入口の番する人の住居があった。人家らしいものに、はじめて出あったありさまだった。そこからはトラックの通る道になった。天気はよかったのに、かなり強い雨がふってきた。雨の中をオートバイ相乗りの人が、後から雨の中を鉄砲玉の早さで、わたしを追いぬいて行った。相乗りの人の背に魚釣りの道具が見えた。

トラック道になって、かえって、歩くことはかどらん思いがした。それに、足元にも、かなりがたがきていたものである。何時間かかったろう。予定よりずっとおくれて島々の部落についた。雨は降りやんだ。建てこんだ家並の奥から、里帰りでもしていた風体《ふうてい》の若夫婦が母親に見送られて、バスの停留所の方へ行ったりした。

保育園の保母さんが園児引きつれ、バスの道を手をふって歩いていた。島々のありさま、山間の小都会の趣があった。島々への道、近いという人の言葉通りにはわたしの足は運ばなんだ。島々の駅はなかなか遠かった。

島々駅まで出るとすっかり山の空気すりぬけた思いがした。上高地へはいる観光客が、着いた電車からぞろぞろ降りた。関西弁の人が多かった。山登りの人らは時間の関係もあって、一人も降りてこなかった。

わたしはその電車に乗るのだった。改札口をはいるとき、若い駅員がわたしの大きなリュックを見て、また来年もきて下さいといった。山の入口の駅員の心がまえが、なんだか暖かくわたしの胸に伝わる気持がした。わたしはうれしかった。

後記

夏山の季節は、とっくに終って、てっぺんから見おろす北アルプスの深い谷々は、紅葉の真最中であった。晴れていた四辺の空気が、突然ざわめいて大雷雨である。頂上付近一帯は、風化して奇々怪々な形を見せている岩の群である。うまいぐあいの避難場所も見つからん。ずぶ濡れになって、頂上の大きな山小屋へ一散に逃げこんだ。

山を歩く人なら、だれしも経験していることだけれど、実際、山のてっぺんの雷雨というものは言語に絶する大げさな肝をひやすものである。

逃げる時、他の人らは、雷鳴、ピカピカの中で、頭髪がさか立ち感電、ピリピリしたそうである。他の誰もがそうだというのに、おかしなことに、わたしは、いっこうにそんなこと感じなかったのである。人さまにあるものが、わたしの五感に不足している身体なのかと思った。

子供の頃に雷が鳴ると、お臍《へそ》を出しているものなら、雷さまにお臍を取られてしまうぞ、とよくおどかされて本気になって信じていたものである。そうした子供の頃のことは老体になったこん日でも、信じないまでも、動作の上に表われるものか、わたしは片手で臍の上あたりを走りながらおさえていたものである。気がついて一人恥ずかしかった。

臍というものは、母体の中では、生への役割を果たす大切なものである。母体をはなれ、外気にふれたとたんに、臍の大切な役割は済み、無用の長物になって、衣服の奥深く人目をはばかることになる。ましてや、出臍などときたら、なおさらである。

わたしの書く作文などというものは、文字をことさらに、長ったらしゅう並べ立てたもので、まことにもって、なんの役にもならんものである。まして、山の作文などというもの、あっても無くてもいいような作文である。ちょうど、出臍のおかしさにも似たおかしげなものである。思いついて、本の題名にした。似つかわしいと思う。

集録した作文は、ここ最近さまざまなものに掲載されたものの内から選び出したものである。挿絵は再び描き直した。ことに別刷の三枚の絵は、この本に適当かどうかは別として、わたしの、最近の山への心の籠りの試みである。

巻頭の、雪の石鎚山の写真は、今年の一月に四国の石鎚山へ登ったおり同行した南海放送の写真班、早田清美氏のものである。また、わたしの肖像写真は福岡在住で肖像写真家として定評のある片山摂三氏のものであり、共に諒解を得て、この本を飾らしてもらった。本の一切の段取りは、知友大洞正典氏の努力好意によるものであって、前記の諸氏ともども謝したい。

本書は、一九六六年、創文社から発行された『山の出べそ』を底本としました。原書の別丁（別刷り）図版を割愛し、著者の版画作品を新たに加えました。

一部、振り仮名を追加し、明らかな誤植は訂正しました。

なお、今日の人権意識に照らして考えた場合、不適切と考えられる語句や表現がありますが、原書の時代的背景とその文学的価値に鑑み、そのまま掲載しました。

山の出べそ

二〇二一年三月一日　初版第一刷発行

著　者　畦地梅太郎
発行人　川崎深雪
発行所　株式会社　山と溪谷社
郵便番号　一〇一―〇〇五一
東京都千代田区神田神保町一丁目一〇五番地
https://www.yamakei.co.jp/

■乱丁・落丁のお問合せ先
山と溪谷社自動応答サービス　電話〇三―六八三七―五〇一八
受付時間／十時～十二時、十三時～十七時三十分（土日、祝日を除く）
■内容に関するお問合せ先
山と溪谷社　電話〇三―六七四四―一九〇〇（代表）
■書店・取次様からのお問合せ先
山と溪谷社受注センター　電話〇三―六七四四―一九一九
ファクス〇三―六七四四―一九二七

ヤマケイ文庫　ロゴマークデザイン　岡本一宣デザイン事務所
カバーデザイン　尾崎行欧、宮岡瑞樹（尾崎行欧デザイン事務所）
ＤＴＰ　株式会社千秋社
印刷・製本　株式会社暁印刷

定価はカバーに表示してあります

Printed in Japan ISBN978-4-635-04897-2